INSTRUCTION

DU

PROCUREUR DU ROI

PRÈS LE TRIBUNAL DE PREMIÈRE INSTANCE DE LA SEINE,

A MM.

LES JUGES DE PAIX, OFFICIERS DE GENDARMERIE, MAIRES, ADJOINTS, COMMISSAIRES DE POLICE ET AUTRES OFFICIERS DE POLICE, SES AUXILIAIRES.

NOUVELLE ÉDITION, REVUE, AUGMENTÉE DE NOTES ET FORMULES.

PAR M. MARS,

Secrétaire en Chef du Parquet du Tribunal de Première Instance de la Seine.

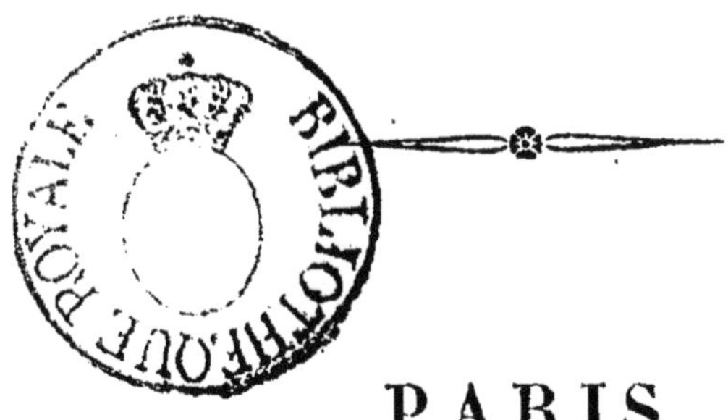

PARIS,

B. WARÉE, AÎNÉ, LIBRAIRE DE LA COUR ROYALE, ET DE L'ORDRE DES AVOCATS, AU PALAIS DE JUSTICE.

ALEX-GOBELET, LIBRAIRE, RUE SOUFFLOT, N°. 4.

M DCCC XXXI.

AVIS DU LIBRAIRE-ÉDITEUR.

L'*Instruction de M. Procureur du Roi* dont nous publions une nouvelle édition revue et augmentée, parut pour la première fois en 1817 ; imprimée aux frais du Parquet et publiée spécialement afin de tracer les devoirs des Officiers de Police judiciaire ses auxiliaires, ce n'était qu'avec beaucoup de difficulté que l'on parvenait à se procurer ce livre recherché avec empressement et dont l'utilité même pour les Magistrats d'un ordre supérieur, avait été apprécié.

En publiant cette édition nous croyons répondre aux besoins des nouveaux Magistrats institués pour veiller sur les intérêts de la Société, et chargés en même tems de tracer les obligations imposées aux Officiers de Police judiciaire leurs auxiliaires.

Notre publication eut été incomplette en reproduisant cette *Instruction* telle quelle avait été imprimée ; tout en conservant le texte primitif dans son intégrité. M. Mars, afin de mettre cet Ouvrage en harmonie avec nos nouvelles institutions, a bien voulu l'enrichir de notes explicatives tirées en partie des décisions récentes des Cours souveraines, des circulaires émanées du Ministère de la Justice, et du Parquet de la Cour Royale.

INSTRUCTION.

LE PROCUREUR DU ROI

PRÈS LE TRIBUNAL DE PREMIÈRE INSTANCE DU DÉPARTEMENT
DE LA SEINE,

A MM.

LES JUGES DE PAIX, OFFICIERS DE GENDARMERIE,
MAIRES, ADJOINTS, COMMISSAIRES DE POLICE,
ET AUTRES OFFICIERS DE POLICE, SES AUXI-
LIAIRES,

MESSIEURS,

Cette lettre n'a point pour objet de vous faire une
exposition complète des obligations que vous avez
à remplir comme officiers de police judiciaire. Je me

1

propose seulement d'y relever plusieurs inexactitudes qui se sont manifestées depuis quelque temps dans le service de la police judiciaire, de vous en indiquer le remède, et de rendre ce service plus régulier et plus uniforme. Pour ajouter quelqu'utilité à mes observations, j'y joindrai les formules des principaux actes que vous avez à dresser.

J'entre sur-le-champ en matière.

DISTINCTION DES CONTRAVENTIONS, DES DÉLITS ET DES CRIMES.

Vous ne perdrez pas de vue, Messieurs, qu'aujourd'hui, dans le langage de la loi, le mot de *contravention* désigne un fait de simple police, punissable, soit d'une amende de 15 fr. ou au-dessous, soit d'un emprisonnement de 5 jours ou au-dessous; que par *délit*, on doit entendre les faits de police correctionnelle, qui sont punis d'un emprisonnement au-dessus de 5 jours, ou d'une amende au-dessus de 15 francs; et que les *crimes* sont les faits qui emportent contre les coupables une peine afflictive ou infamante.

RECHERCHE DES CONTRAVENTIONS.

FONCTIONS DES OFFICIERS DE POLICE JUDICIAIRE CHARGÉS DE CETTE RECHERCHE.

§. 1er. — *Fonctions des Maires, Adjoints et Commissaires de police.*

L'article 11 du Code d'instruction criminelle charge MM. les Maires, Adjoints et Commissaires de police de recevoir, comme officiers de police judiciaire, les rapports, dénonciations et plaintes qui concernent toutes les contraventions, même celles qui sont placées sous la surveillance spéciale des gardes forestiers et champêtres, de rechercher et de constater ces contraventions (1).

MM. les Adjoints n'ont pas besoin d'une délégation pour remplacer, à cet effet, le maire absent, malade, occupé à d'autres fonctions ou empêché (2).

Dans les communes divisées en plusieurs arrondissemens, les commissaires de police ne peuvent, aux termes de l'art. 12, se refuser à rechercher et constater les contraventions commises hors de leur arrondissement particulier.

§. 2. — *Fonctions de gardes champêtres et forestiers.*

L'article 16 charge les gardes champêtres et forestiers de rechercher, chacun dans le territoire pour lequel il est nommé et assermenté, les contra-

____

(1) Même celles commises par un parent (Arrêt de la Cour de Cassation , du 4 novembre 1808).

(2) Arrêt de la Cour de Cassation, du 9 fructidor an XIII.

ventions, et *même les délits*, qui ont porté atteinte aux propriétés rurales et forestières (1).

Assimilés à la force publique, les gardes champêtres et forestiers doivent en outre, d'après le même article, conduire devant le Juge de paix, le Maire ou l'Adjoint, tout individu par eux surpris en flagrant délit, ou dénoncé par la clameur publique, quand le délit emporte emprisonnement ou plus forte peine (2). A cet effet, ils se font donner main-forte par le Maire ou l'Adjoint qui ne peut s'y refuser.

Il n'est pas dans les fonctions des gardes champêtres et forestiers de désarmer les individus prévenus de délit de chasse ou d'infraction aux lois sur le port d'armes : ils doivent, dans ces cas, se borner à dresser procès-verbal.

DEVOIRS DES OFFICIERS CHARGÉS DE LA RECHERCHE DES CONTRAVENTIONS.

§. 1er. — *Rédaction des dénonciations, plaintes, rapports et procès-verbaux.*

Les dénonciations, plaintes, rapports et procès-

---

(1) Le procès-verbal doit être rédigé dans le jour, c'est-à-dire, dans les vingt-quatre heures ; ainsi il peut être dressé le lendemain (Arrêt de la Cour de Cassation, des 15 frimaire an XIV et 5 janvier 1809).

(*Voir* le §. 3e. ci-après, page 8, *de l'Affirmation des procès-verbaux* , et les notes.).

(2) L'art. 163 du Code forestier est ainsi conçu : « Les « gardes arrêteront et conduiront devant le juge de paix » ou devant le maire, tout *inconnu* qu'ils auront pris » en flagrant délit ». D'après cette disposition, il n'est pas nécessaire que le délit emporte « emprisonnement ou une

verbaux doivent énoncer d'une manière claire et précise :

1°. La nature et les circonstances des contraventions ;

2°. Le temps et le lieu où elles ont été commises ;

3°. L'évaluation du dommage, surtout quand c'est la quotité du dommage qui détermine celle de l'amende ;

4°. Les preuves et indices à la charge des prévenus ;

5°. Les noms, professions et demeures des plaignans, des témoins, s'il en existe, et des contrevenans, s'ils sont connus ; l'âge des contrevenans, quand à raison de l'âge, leurs parens sont civilement responsables ; les noms, professions et demeures des personnes soumises à la responsabilité civile résultant de la contravention (1) ;

6°. Les gardes forestiers doivent en outre désigner l'essence des arbres arrachés, coupés, écorcés ou détruits en délit, la grosseur précise de ces arbres ; etc. (2).

» peine plus forte, et l'arrestation peut avoir lieu si le dé-
» linquant est un inconnu ».

(1) *Voir* notamment les art. 1384, 1385, 1782, 1873, 1952, 1953 du Code civil. *Voir* aussi ce qui est dit ci-après page 100.

(2) *Voir* à cet égard les dispositions des art. 192 et 193 du Code forestier. Ces articles sont ainsi conçus :

Art. 192. « La coupe ou l'enlèvement de l'arbre ayant
» deux décimètres de tour et au-dessus donnera lieu à des
» amendes qui seront déterminées dans les proportions sui-
» vantes, d'après l'essence et la circonférence de ces
» arbres.

7°. Les procès-verbaux doivent contenir aussi la mention de la saisie et mise en fourrière des bestiaux, animaux, voitures, instrumens et objets dont la loi ordonne la saisie ou le sequestre. Cette mise en fourrière doit s'effectuer comme il sera dit ci-après (1).

« Les arbres sont divisés en deux classes.

« La 1re comprend les chênes, hêtres, charmes, ormes, » frênes, érables, platanes, pins, sapins, mélèses, châ- » taigniers, noyers, aliziers, sorbiers, cormiers, merisiers » et autres arbres fruitiers.

« La 2e se compose des aulnes, tilleuls, bouleaux, trem- » bles, peupliers, saules et de toutes les espèces non com- » prises dans la 1re classe.

« Si les arbres de la 1re classe ont deux décimètres de » tour, l'amende sera de 1 franc par chacun de ces deux » décimètres, et s'accroîtra ensuite progressivement de 10 » centimes pour chacun des autres décimètres.

« Si les arbres de la 2e classe ont deux décimètres de » tour, l'amende sera de 50 centimes, par chacun de ces » deux décimètres, et s'accroîtra ensuite progressivement » de 5 centimes pour chacun des autres décimètres.

» Le tout conformément au tableau annexé à la pré- » sente loi.

« La circonférence sera mesurée à un mètre du sol ».

Art. 193. « Si les arbres auxquels s'appliquent le tarif » établi par l'article précédent ont été enlevés et façonnés, » le tout en sera mesuré sur la souche ; et si la souche a » été également enlevée, le tout sera calculé dans la pro- » portion d'un cinquième en sus de la diminution totale des » quatre faces de l'arbre équarri.

« Lorsque l'arbre et la souche auront disparu, l'amende » sera calculée suivant la grosseur de l'arbre, arbitrée par » le Tribunal, d'après les documens du procès ».

(1) *Voyez* page 112.

Tous ces détails sont nécessaires, soit pour bien déterminer la compétence, soit pour que l'on puisse, sans obstacle ni retardement, citer les contrevenans devant le tribunal de police.

Dans l'énonciation du temps de la contravention, il ne faut jamais omettre *l'heure*, surtout quand l'heure est une circonstance aggravante ou atténuante, susceptible de modifier la nature même du fait, ou d'avoir quelqu'influence sur l'application du *maximum* ou du *minimum* de la peine.

Quant aux autres circonstances, elles sont trop nombreuses pour en donner des exemples. On évitera toute omission à cet égard, en faisant une lecture attentive et en se pénétrant de toutes les dispositions de la loi, qui prévoit la contravention que l'on est appelé à constater.

Je ne puis recommander trop d'exactitude dans la rédaction et les formalités des procès-verbaux : ces actes sont ordinairement les seuls élémens d'après lesquels les tribunaux de police peuvent apprécier et juger les contraventions ; en sorte que de leur régularité et de leur suffisance dépend essentiellement la bonne administration de la justice en cette matière.

§. 2.—*Timbre et enregistrement des procès-verbaux, etc.*

Aux termes du §. 1er. de l'article 70 de la loi du 22 frimaire an **VII**, relative à l'enregistrement, tous les rapports et procès-verbaux de contravention doivent, sans exception, être visés pour timbre et enregistrés en *debet* dans les quatre jours.

Quant aux plaintes et dénonciations, elles doivent être dressées sur papier timbré, et enregistrées (1).

______

(1) « Les procès-verbaux seront, *sous peine de nullité*,

§. 3. — *Affirmation des procès-verbaux des gardes champêtres et forestiers.*

Les procès-verbaux des gardes champêtres et forestiers doivent, *sous peine de nullité*, être affirmés, dans les 24 heures devant le Juge de paix du canton ; en cas d'empêchement, devant l'un de ses suppléans, ou en cas d'empêchement de ceux-ci, devant le Maire ou l'Adjoint de la commune où résident les gardes (1).

» enregistrés dans les quatre jours qui suivront celui de » l'affirmation ou celui de la clôture du procès-verbal, s'il » n'est pas sujet à affirmation.

« L'enregistrement s'en fera *en debet* lorsque les délits » ou contraventions intéresseront l'État et le Domaine de » la Couronne, ou les communes et les établissemens pu-» blics » (art. 170 du Code forestier).

« Les procès-verbaux seront, *sous peine de nullité*, enre-» gistrés dans les quatre jours qui suivront celui de l'affir-» mation, ou celui de la clôture du procès-verbal, s'il » n'est pas sujet à affirmation.

« L'enregistrement s'en fera *en debet* » (art. 47 de la loi du 15 avril 1829, relative la pêche fluviale).

(1) Lois des 25 décembre 1789, art. 1er, et 23 ther-midor an IV, art. 1er ; décret du 29 septembre 1791 sur l'administration forestière, art. 7 du titre IV ; et loi du 28 floréal an X, art. 11.

Les trois premières lois fixent un délai de vingt-quatre heures pour l'affirmation.

Art. 165. du Code forestier ainsi conçu : « Les gardes » écriront eux-mêmes leurs procès-verbaux ; ils les signe-» ront et les affirmeront au plus tard *le lendemain* de la » clôture desdits procès-verbaux, par devant le juge de » paix du canton ou l'un de ses suppléans , ou par devant

L'article 18 du Code d'instruction criminelle prescrit au fonctionnaire qui a reçu l'affirmation d'un procès-verbal dressé par les gardes forestiers de l'administration, des communes et des établissemens publics, de m'en donner avis dans la huitaine.

» le maire ou l'adjoint, soit de la commune de leur rési-
» dence, soit de celle où le délit a été commis ou constaté,
» le tout *sous peine de nullité* ».

« Toutefois si, par suite d'un empêchement quel-
» conque, le procès-verbal est seulement signé par le
» garde, mais non écrit en entier de sa main, l'officier
» public qui en recevra l'affirmation devra lui en donner
» préalablement lecture, et faire ensuite mention de cette
» formalité, le tout *sous peine de nullité* du procès-verbal ».
Art. 189. « Les dispositions contenues aux art. 161,
» 162, 163, 165, 167, 168, 169, 170 §. 1er, 172, 175,
» 182, 185 et 187 sont applicables aux poursuites exer-
» cées au nom et dans l'intérêt des particuliers, pour dé-
» lits et contraventions commis dans les bois et forêts qui
» leur appartiennent ».

« Toutefois, dans les cas prévus par l'art. 169, etc.

Le procès-verbal affirmé le *lendemain*, quand il n'est pas daté de l'heure, est réputé affirmé dans les vingt-quatre heures (Arrêt de Cassation du 9 février 1811); mais si le procès-verbal est daté de l'*heure*, ainsi que l'*affirmation*, il faut observer exactement les vingt-quatre heures. Le délai se compte de *momento ad momentum*, et non *die ad diem*, de manière que le procès-verbal dressé aujourd'hui à 7 heures du matin, doit, *à peine de nullité*, être affirmé demain à la même heure au plus tard (Arrêts de Cassation des 5 janvier 1809, 8 janvier 1807, et 19 janvier 1810).

Il faut faire attention qu'il n'y a pas lieu de compter les heures quand il s'agit de l'affirmation des procès-verbaux *en matière forestière*, à cause des dispositions de l'art. 165

§. 4. — *Assistance du Juge de paix, etc., aux visites domiciliaires des gardes.*

Lorsque les gardes champêtres et forestiers suivent dans le lieu où elles ont été transportées, les choses enlevées en délit, l'art. 16 du Code d'instruction criminelle leur défend de s'introduire dans les maisons, ateliers, bâtimens, cours adjacentes et enclos, hors la présence, soit du Juge de paix ou de son suppléant, soit du Maire, Adjoint ou Commissaire de police (1).

Ces fonctionnaires ne peuvent refuser de déférer à la réquisition des gardes, et de signer le procès-

---

du Code forestier, qui prescrit l'affirmation *le lendemain*, ce qui comprend toute la journée qui suit celle où le procès-verbal a été fait.

Au surplus, le délai court, non du moment de la reconnaissance du délit, mais de l'heure de la clôture du procès-verbal, car il est possible qu'il y ait lieu de se transporter successivement sur différens points (Arrêts de Cassation des 8 messidor an XIII, 29 mai 1818 et 7 mars 1823).

L'obligation imposée aux gardes forestiers *d'affirmer* leurs procès-verbaux n'est pas remplie par la déclaration *non assermentée*, que les procès-verbaux sont sincères et véritables. L'acte d'affirmation doit porter que le procès-verbal a été *affirmé*, ou bien, si l'expression de la loi n'y est pas employée, elle doit être suppléée par des termes qui en rendent le sens, c'est-à-dire, qu'il doit être dit que la sincérité du procès-verbal a été déclarée avec serment (Arrêts de Cassation des 16 août 1811, 20 et 29 février 1812).

(1) « Les gardes sont autorisés à saisir les bestiaux trouvés en délit, et les instrumens, voitures et attelages des » délinquans, et à les mettre en séquestre. Ils suivront les » objets enlevés par les délinquans jusques dans les lieux

verbal de perquisition, sans s'exposer aux peines portées par les arrêtés du Gouvernement des 4 et 26 nivôse an V. Loin de s'y refuser, ils doivent, au contraire, se faire un devoir de diriger et de protéger les gardes dans leur opération (1).

§. 5. — *Cas où la visite est à faire dans une autre commune.*

Si les objets suivis par les gardes ont été transportés dans la commune voisine, les gardes doivent s'entendre avec les gardes de cette commune, afin d'effectuer la perquisition qu'ils ne sont plus compétens pour faire eux-mêmes (2).

» où ils auront été transportés, et les mettront également » en séquestre ».

«. Ils ne pourront néanmoins s'introduire dans les mai-
» sons, bâtimens, cours adjacentes et enclos, si ce n'est
» en présence, soit du juge de paix ou de son suppléant, soit
» du maire du lieu ou de son adjoint, soit du commissaire
» de police » (*Art.* 161 *du Code Forestier*).

(1) « Les fonctionnaires dénommés en l'article précé-
» dent ne pourront se refuser à accompagner *sur le champ*
» les gardes, lorsqu'ils en seront requis par eux, pour as-
» sister à des perquisitions ».

« Ils seront tenus, en outre, de signer le procès-verbal
» du séquestre ou de la perquisition faite en leur présence,
» sauf au garde, en cas de refus de leur part, à en faire
» mention au procès-verbal » (*Art.* 162 *du Code Forestier*).

(2) « Les agens, arpenteurs, et gardes forestiers recher-
» chent et constatent par procès-verbaux les délits et con-
» traventions, savoir : les agens et arpenteurs, dans toute
» l'étendue du territoire pour lequel ils sont commissionnés ;
» et les gardes, dans l'arrondissement du Tribunal près du-
» quel ils sont assermentés » (*Art.* 160 *du Code Forestier*).

§. 6. — *Les procès-verbaux ne peuvent être faits sur de simples renseignemens.*

On ne doit pas rédiger des procès-verbaux de contravention sur de simples renseignemens ou sur des rapports de quelque personne que ce soit, car un tel procès-verbal serait radicalement nul ; il renfermerait même un véritable faux, si, n'y mentionnant pas qu'il est rédigé sur de simples renseignemens ou rapports, l'officier de police judiciaire paraissait avoir personnellement constaté la contravention.

§. 7. — *Obligation de constater les contraventions dénoncées.*

En cas de plainte, dénonciation ou rapport d'une contravention, quand la contravention a besoin d'être constatée et que surtout elle intéresse l'ordre, la sûreté ou la salubrité publique, l'officier qui a reçu l'un de ces actes, doit se transpoter *de suite* sur les lieux.

§. 8. — *Nécessité de dresser procès-verbal de chaque contravention, à moins de connexité.*

On ne doit pas confondre dans le même procès-verbal, comme quelques Officiers de police judiciaire le pratiquent, des contraventions commises par plusieurs contrevenans, à moins qu'elles ne soient connexes. Cette confusion choquante jette des embarras dans les citations, dans les rôles d'audience, dans les débats, dans la prononciation du jugement et dans la perception de l'enregistrement.

Cependant pour éviter un inconvénient contraire, qui naîtrait de la multiplicité des actes, quand des contraventions de même espèce, comme par exem-

ple, des contraventions relatives à la propreté de
la voie publique, sont constatées en même temps,
on peut ne dresser qu'un seul procès-verbal, même
quand il y aurait plusieurs contrevenans, en ayant
soin de les y dénommer tous et d'énoncer les circonstances qui seraient particulières à chacun.

§. 9. — *Égalité dans la recherche des contraventions.*

On doit être attentif à constater les contraventions
avec un soin égal dans les diverses parties d'une
commune, ou dans les différens quartiers de la capitale. L'inégalité de surveillance produit de graves
inconvéniens. Il en résulte dans des lieux souvent
très-rapprochés une disparate frappante relativement au maintien de la propreté, de la salubrité et
de la sûreté de la voie publique. La justice semble
avoir deux poids et deux mesures, et les personnes
qui sont réprimées se plaignent avec raison de l'impunité des contrevenans voisins. Chaque Commissaire de police doit d'ailleurs tenir à n'être et à ne
paraître ni moins surveillant ni moins équitable que
le Commissaire du quartier prochain.

Votre devoir, Messieurs, est pourtant de veiller
tous avec une égale exactitude à l'exécution des lois
et ordonnances qui prescrivent pour les jours de
dimanches et fêtes, la suspension des travaux et la
fermeture des boutiques ; car la négligence qui serait
apportée à constater dans une commune ou dans
un quartier les contraventions à ces lois, serait
nuisible aux habitans des communes ou des quartiers dans lesquels on réprimerait ces contraventions
avec une juste sévérité ; ce qui deviendrait la source
d'un abus extrêmement grave (1).

____

(1) La loi relative à la célébration des fêtes et dimanches,

§. 10. — *Arrestation non autorisée.*

Aucune contravention ne peut donner lieu à ar-restation, même quand la loi prononcerait l'empri-

---

du 18 novembre 1814, a donné lieu à une Instruction adres-sée par le Préfet de police en 1815, aux commissaires de police de la ville de Paris. Les principes que contient cette Instruction est d'une utilité si générale, et la loi à laquelle elle a rapport, peut être d'une application si fréquente, qu'on a cru devoir insérer ici le texte de l'une et de l'autre.

Loi du 18 novembre 1814.

Art. Ier. Les travaux ordinaires seront interrompus les dimanches et jours de fêtes reconnus par la loi de l'État.

II. En conséquence, il est défendu lesdits jours ;

1°. Aux marchands d'étaler et de vendre, les ais et volets des boutiques ouverts ;

2°. Aux colporteurs et étalagistes, de colporter et d'ex-poser en vente leurs marchandises dans les rues et places publiques ;

3°. Aux artisans et ouvriers de travailler extérieure-ment et d'ouvrir leurs ateliers ;

4°. Aux charretiers et voituriers employés à des services locaux, de faire des chargemens dans les lieux publics de leur domicile.

III. Dans les villes dont la population est au-dessous de 3,000 ames, ainsi que dans les bourgs et villages, il est dé-fendu aux cabaretiers, marchands de vins, débitans de boissons, traiteurs, limonadiers, maîtres de paume et de billards, de tenir leurs maisons ouvertes et d'y donner à boire et à jouer lesdits jours pendant le temps de l'office.

IV. Les contraventions aux dispositions ci-dessus seront constatées par procès-verbaux des Maires et Adjoints, ou des Commissaires de police.

V. Elles seront jugées par les Tribunaux de simple po-

sonnement de simple police. On ne peut pas non plus procéder à l'arrestation dans les cas de délits correctionnels qui n'entraînent qu'une amende.

---

lice, et punies d'une amende qui, pour la première fois, ne pourra pas excéder 5 francs.

VI. En cas de récidive, les contrevenans pourront être condamnés aux *maximum* des peines de police.

VII. Les défenses précédentes ne sont pas applicables.

1°. Aux marchands de comestibles de toute nature, sauf cependant l'exécution de l'article 3.

2°. A tout ce qui tient au service de santé ;

3°. Aux postes, messageries et voitures publiques;

4°. Aux voitures de commerce par terre et par eau, et aux voyageurs ;

5°. Aux usines dont le service ne pourrait être interrompu, sans dommage ;

6°. Aux ventes usitées dans les foires et fêtes dites patronales, et au débit des mesures, marchandises dans les communes rurales, hors le temps du service divin ;

7°. Aux chargemens des navires marchands et autres bâtimens de commerce maritime.

VIII. Sont également exceptés des défenses ci-dessus, les menuisiers et les ouvriers employés 1°, à la moisson et autres récoltes ; 2°. Aux travaux urgens de l'agriculture ; 3°. Aux constructions et réparations motivées par un péril imminent, à la charge, dans ces deux derniers cas, d'en demander la permission à l'autorité municipale.

IX. L'autorité administrative pourra étendre ces exceptions ci-dessus aux usages locaux.

X. Les lois et réglemens de police antérieurs, relatifs à l'observation des dimanches et fêtes, sont et demeurent abrogés.

Instruction ou Circulaire du Préfet de police.

Par les rapports de votre surveillance, Messieurs, (*les*

§. II. — *Abus de certains certificats.*

Une fois dressé, un procès-verbal appartient à la justice, et non à l'Officier de police judiciaire qui l'a rédigé : celui-ci ne doit donc jamais se permettre d'en atténuer ensuite l'effet au moyen de certificats

---

Commissaires de police), pour l'exécution de la loi du 18 novembre dernier, relative à la célébration des fêtes et dimanches, j'ai reconnu qu'il s'était élevé quelques incertitudes sur l'application des dispositions de cette loi, tant pour les cas de contravention que pour ceux d'exception.

Pour une plus grande unité d'action dans votre surveillance, je crois utile de résoudre ici les principales questions qui m'ont été soumises par des inductions tirées tant de la loi même que des jugemens qui ont déjà été prononcés en différens cas, par le Tribunal de police.

On a demandé :

Si les dimanches et fêtes on pouvait étaler, et vendre, portes fermées ?

L'affirmative n'est pas douteuse, la vente et l'étalage sont permis, *ais et volets fermés*, et il n'y a contravention que quand l'une ou l'autre a lieu ais et volets ouverts.

En laissant libres les étalages, *ais et volets fermés*, il est bien clair que ces étalages ne sont plus apparens, et c'est-là l'essentiel. Beaucoup de marchands ont des étalages intérieurs qui ne peuvent se retirer même de nuit; mais du moment que la fermeture des ais et volets empêchent qu'ils ne soient aperçus à l'extérieur, le vœu de la loi est rempli et il n'y a pas de contravention.

De même il n'y a pas de contravention si, par nécessité d'avoir du jour, de l'air, ou pour les besoins intérieurs, on ouvre des ais et volets; mais dans ce cas il ne doit être aperçu de dehors aucun étalage intérieur.

Par la même conséquence, on peut ouvrir les volets de

ou attestations arrachés par l'importunité ou accordés par la complaisance.

---

la porte , et même tenir la porte ouverte ; mais il ne doit pas exister d'étalages derrière les vîtres.

Si les marchands de comestibles peuvent avoir des étalages extérieurs?

Nullement. Ils ont la faculté de tenir leurs ais et volets ouverts , ce qui comporte la faculté d'avoir leurs étalages à *l'intérieur seulement.*

Si les bouchers et charcutiers peuvent avoir étalages extérieurs ?

Nullement. Les marchands de comestibles en général ne peuvent avoir leurs étalages qu'à *l'intérieur.*

Dans quelle cathégorie précisément se trouvaient les traiteurs et rôtisseurs ?

Naturellement dans celle des autres marchands de comestibles.

Si les épiciers peuvent avoir les ais et volets ouverts ?

Oui , puisqu'ils sont marchands de comestibles ; mais toujours sans étalages extérieurs?

Si les marchands d'eau-de-vie peuvent avoir la même faculté?

Ils sont naturellement dans la classe des marchands de comestibles.

Si les marchands d'eau de Cologne peuvent avoir les ais et les volets ouverts ?

Nullement. Cette composition ne pouvant se ranger parmi les objets de première nécessité.

Si l'étalage mobile et le colportage sont défendus ?

L'étalage mobile ou non , ainsi que le colportage , sont textuellement défendus. La loi n'a pas fait de distinction.

Si l'étalage mobile et le colportage sont défendus pour les comestibles ?

Non pour les fruits , menues patisseries et petites sucreries ; mais il est bon de se rappeler que l'étalage et le col-

§. 12. — *Seuls frais exigibles.*

Lorsqu'une plainte est rendue, on ne peut exiger du plaignant que le remboursement du papier tim-

---

portage de la viande et de la volaille n'étant permis (à Paris) en aucun temps , le sont encore moins , à plus forte raison, les dimanches et fêtes.

Si les boutiques des perruquiers et des coiffeurs peuvent rester ouvertes ?

Nul doute. Les dimanches et fêtes sont même plus spécialement les jours de travaux pour les perruquiers et les coiffeurs ; l'ouverture de leurs boutiques , ces jours-là , est de l'*usage local* le plus reconnu. Il y a toutefois une distinction à faire entre l'état proprement dit et le commerce qu'on peut y joindre. Si les perruquiers et coiffeurs peuvent exercer leur état , ais et volets ouverts , c'est à quoi se réduit l'usage local, et ils ne doivent du reste laisser en évidence derrière les vîtres de leurs boutiques , ni bustes ou attributs, ni marchandises à vendre.

S'il y a contravention lorsqu'une boutique est fermée , et que cependant on entend travailler dans l'intérieur ?

Non , du moment que tout est fermé , la loi n'exigeant rien de plus.

Si la défense de travailler s'applique aux maréchaux ferrans?

Non , toutes les fois que le travail est d'urgence , comme ferremens de chevaux , réparation de voitures par suite d'accident subit.

Si la circulation doit être interdite aux tonneaux des porteurs d'eau?

Nullement. L'eau étant la chose la plus nécessaire à la vie.

On doit même en déduire une conséquence que les transports de bière par les brasseurs doivent être tolérés.

Si les grainetiers peuvent avoir leurs ais et volets ouverts ?

Oui, attendu qu'ils vendent des objets de premières nécessités et des comestibles.

bré et de l'enregistrement, si l'avance en a été faite ; se faire payer d'autres frais, serait une concussion. On ne doit pas non plus se permettre de délivrer

---

Ce qui doit se pratiquer à l'égard des taillandiers ?

Les ouvriers, très-généralement, n'ayant que le dimanche, pour faire réparer leurs outils, il est nécessaire de tolérer l'ouverture des boutiques de taillandiers le matin jusqu'à neuf heures ; c'est ce qui constitue encore un usage local.

Si les débitans de tabacs peuvent avoir leurs ais et volets ouverts ?

Nul doute, puisque le besoin du tabac est de tous les instans ; mais si les débitans joignent à leur débit une autre partie de commerce quelconque , comme tabletterie , mercerie , papeterie , etc. , ils doivent en retirer tous les étalages.

Ce qui devait se pratiquer à l'égard des bureaux de loterie ?

Les opérations de cette partie ne pouvant être interrompus , les ais et volets des bureaux peuvent rester ouverts ; cette tolérance rentre dans les usages locaux.

Si on devait laisser exposer en étalage sur la voie publique des oiseaux dans les cages ?

Le marché d'oiseaux qui est établi de temps immémorial à l'angle du Pont au Change et du quai de la Féraille , ainsi que celui qui a toujours eu lieu au marché St-Germain , doivent subsister ; c'est encore un usage local, partout ailleurs ce genre de commerce peut être interdit les dimanches et fêtes.

A quelle heure pouvaient paraître sur les places, les jeux, curiosités , saltimbanques et chanteurs ?

Jamais avant midi.

Ces questions, Messieurs , sont les seules importantes que l'expérience ait donné occasion de faire depuis l'émission de la loi. La solution que la loi elle-même et la jurisprudence du Tribunal ont paru suggérer , pouvant dissiper

des expéditions dont le greffier du tribunal de police peut seul faire délivrance, en se conformant aux formalités et au tarif établis par la loi.

§. 13. — *Composition des gardes champêtres et forestiers avec les contrevenans et délinquans, concussion grave.*

J'ai lieu de craindre que quelques gardes champêtres ou forestiers n'aient exigé ou reçu des contrevenans et même des délinquans une rétribution, moyennant laquelle ils se seraient abstenus de dresser procès-verbal. *C'est une concussion très-grave.* MM. les Juges de paix, Maires et Adjoints doivent tenir sévèrement la main à la réformation d'un pareil abus, et m'en informer s'il se renouvelle, afin que je poursuive les concussionnaires avec toute la rigueur de mon ministère.

§. 14. — *Envoi des procès-verbaux, rapports, etc.*

La répression des contraventions ne devant pas éprouver de retard, la remise ou l'envoi des procès-verbaux doit, selon les articles 15, 18 et 20 du Code d'instruction criminelle, être fait directement *dans les trois jours*, savoir: par les Commissaires de police de Paris, à ceux de ces Officiers qui exercent le ministère public près le tribunal de police de la Capitale; par les Maires ou Adjoints des communes, à celui d'entre eux ou au Commissaire

---

toute incertitude pour l'avenir, il en résultera nécessairement une salutaire uniformité de principes dans l'action de votre surveillance et dans vos opérations. Il ne me reste, Messieurs, qu'à vous recommander le zèle le plus soutenu à faire exécuter la loi avec toute la ponctualité convenable ».

de police qui exerce le même ministère près le tribunal de police du canton ou de la commune; par les gardes forestiers de l'administration, des communes et des établissemens publics, au conservateur, inspecteur ou sous-inspecteur forestier; et par les gardes champêtres des communes et les gardes champêtres et forestiers des particuliers, au Commissaire de police du chef-lieu de la justice de paix, ou au Maire, s'il n'y a pas de Commissaire de police (1).

Il en est de même de l'envoi et de la remise des rapports, dénonciations, plaintes, informations et renseignemens qui concernent les contraventions.

JUGEMENT DES CONTRAVENTIONS.

Constitués en tribunal de police selon les règles et distinctions établies par le chap. 1ᵉʳ du titre 1ᵉʳ. du livre II du Code d'instruction criminelle, MM. les Juges de paix, Maires, Adjoints et Commissaires de police concourent au jugement des contraventions.

L'exercice de cette partie essentielle de leurs fonctions, a laissé beaucoup à désirer dans quelques lieux, et m'a suggéré les observations suivantes.

---

(1) Les procès-verbaux dressés par les gardes des bois' des particuliers « seront, *dans le délai d'un mois*, *à dater de* » *l'affirmation*, remis au Procureur du Roi, ou au Juge de » Paix, suivant leur compétence respective (Art. 191 du » Code forestier) ». *Voyez* ci-après le §. 4, page 27.

OBSERVATIONS COMMUNES AUX TRIBUNAUX DE POLICE PRÉSIDÉS PAR MM. LES JUGES DE PAIX, ET A CEUX PRÉSIDÉS PAR MM. LES MAIRES.

Compétence de ces Tribunaux.

§. 1er. — *Ils ne peuvent connaître que de faits punissables.*

L'autorité et le devoir du Juge se bornant à l'application de la loi, là où la loi ne détermine ni ne prononce aucune peine, le tribunal de police ne peut en appliquer (1).

Néanmoins, lorsqu'il s'agit d'une contravention à un réglement administratif rendu *en matière de police municipale*, ce réglement ne prononçât-il aucune peine contre l'infraction, il faut appliquer les peines *de simple police*, parce que ces peines, dans le cas de contravention à de tels réglemens, sont de droit, d'après les articles 3 et 5 du titre XI de la loi du 24 août 1790, et l'art. 46 du tit. Ier. de celle du 22 juillet 1791 (2).

---

(1) Le prévenu non condamné doit être absous sans aucune addition susceptible de ternir son honneur, ni sans condamnation de dépens (Arrêt de Cassation du 18 germinal an X).

(2) Il est utile de mettre ici sous les yeux les dispositions de la loi.

Art. 3 du Titre 2 de la Loi du 16-24 août 1790.

« Les objets de police confiés à la vigilance et à l'auto-
» rité des Corps municipaux sont :

1°. « Tout ce qui intéresse la sûreté et la commodité du
» passage, dans les rues, quais, places et voies publiques ;
» ce qui comprend le nettoiement, l'illumination, l'enlè-

§ 2. — *Le maximum de la peine règle la compétence des tribunaux de police.*

Le *maximum* de la peine prononcée par la loi réglant la compétence, les tribunaux de police ne peuvent connaître que des infractions dont les peines n'excèdent pas 15 francs d'amende ou cinq jours

---

» vement des encombremens, la démolition ou la répa-
» ration des bâtimens menaçant ruine, l'interdiction de
» ne rien exposer aux fenêtres, ou autre partie des bâti-
» mens qui puisse nuire par sa chute, et celle de rien jeter
» qui puisse blesser ou endommager les passans, ou causer
» des exhalaisons nuisibles;

2°. « Le soin de réprimer et de punir les délits contre la
» tranquillité publique, telles que les rixes et disputes ac-
» compagnées d'ameutemens dans les rues, le tumulte ex-
» cité dans les lieux d'assemblée publique, les bruits et
» attroupemens nocturnes qui troublent le repos des citoyens;

3°. « Le maintien du bon ordre dans les endroits où il se
» fait de grands rassemblemens d'hommes, tels que les
» foires, marchés, réjouissances et cérémonies publiques,
» spectacles, jeux, cafés, églises et autres lieux publics;

4°. « L'inspection sur la fidélité du débit des denrées qui
» se vendent au poids, à l'aune ou à la mesure et sur la
» salubrité des comestibles exposés en vente publique;

5°. « Le soin de prévenir, par des précautions conve-
» nables, et celui de faire cesser, par la distribution des
» secours nécessaires, les accidens et fléaux calamiteux, tels
» que les incendies, les épidémies, les épizooties, en pro-
» voquant aussi dans ces derniers cas, l'autorité des admi-
» nistrations de département et de district.

6°. « Le soin d'obvier ou de remédier aux évènemens
» fâcheux qui pourraient être occasionnés par les insensés
» ou les furieux laissés en liberté, et par la divagation des

d'emprisonnement, qu'il y ait ou non confiscation des choses saisies, et quelle qu'en soit la valeur.

Ainsi, toutes les fois qu'aux termes de la plainte,

» animaux malfaisans ou féroces » (*Voyez* le Code pénal » au titre *des Contraventions*).

Art. 5. « Les contraventions à la police ne pourront être » punies que de l'une de ces deux peines, ou de la condam- » nation à une amende pécuniaire, ou de l'emprisonne- » ment par forme de correction, pour un temps qui ne » pourra excéder *trois jours* dans les campagnes, et *huit* » *jours* dans les villes, dans les cas les plus graves ».

(Cette peine est modifiée par les art. 600, 606 et suivans du Code des délits et des peines, ci-après).

Loi des 19-22 juillet 1791. — Titre Ier, Police municipale.

Art. 46. « Aucun Tribunal de police municipale, ni » aucun corps municipal ne pourra faire de réglement: Le » corps municipal néanmoins pourra, sous le nom et l'in- » titulé de *délibérations*, et sauf la réformation, s'il y a lieu, » par l'administration du département, sur l'avis de celle » du district, faire des arrêtés sur les objets qui suivent:

1°. « Lorsqu'il s'agira d'ordonner les précautions locales » sur les objets confiés à sa vigilance et à son autorité par les » art. 3 et 4 du titre II du décret sur l'organisation judiciaire;

2°. «De publier de nouveau les lois et réglemens de police, » ou de rappeler les citoyens à leur observation.

Code des délits et des peines, du 4 brumaire an IV.

Art. 600. « Les peines de simple police sont celles qui » consistent dans une amende de la valeur de trois journées » de travail ou au-dessous, ou dans un emprisonnement » qui n'excède pas trois jours.

» Elles se prononceront par les Tribunaux de police.

Art. 606. « Le Tribunal de police gradue, selon les cir- » constances, et le plus ou moins de gravité du délit, les

de la dénonciation, du procès-verbal ou rapport, ou
que, d'après le résultat des débats, il y a lieu d'appliquer une peine dont le *maximum* excède cinq
jours de prison ou 15 francs d'amende, le tribunal
de police est incompétent. Il doit se dessaisir, lors
même que le *minimum* de la peine est de cinq jours
de prison ou de 15 fr. d'amende ou au-dessous, et

» peines qu'il est chargé de prononcer, sans néanmoins
» qu'il puisse en aucun cas, ni être au-dessous d'une amende
» de la valeur d'une journée de travail, ou d'un jour d'em-
» prisonnement, ni s'élever au-dessus de la valeur de trois
» journées de travail, ou de trois jours d'emprisonnement ».
   Art. 607. « En cas de récidive, les peines, suivent la
» proportion réglée par les lois des 19 juillet et 28 septem-
» bre 1791, et ne peuvent en conséquence, être prononcées
» par le Tribunal correctionnel ».
   (L'art. 27 de la loi des 19-22 juillet 1791, tit. Ier des
délits de simple police, porte : « En cas de récidive, toutes
» les amendes établies par le présent décret sont doubles...).
   Art. 608. « Pour qu'il y ait lieu à une augmentation de
» peine pour cause de récidive, il faut qu'il y ait eu un
» premier jugement rendu contre le prévenu, pour pareil
» délit, dans les douze mois précédens, et dans le ressort
» du même Tribunal de police ».
   Le Tribunal de police est compétent pour connaître des
contraventions et des réglemens de police, commises en
état de récidive, suivant l'art. 27, tit. Ier de la loi du 19
juillet 1791 *précité*, l'art. 4, tit. II de la loi du 6 octobre
1791, et l'art. 607 du Code, du 3 brumaire an IV, *aussi
précité*. La récidive autorise seulement à doubler l'amende
dans les limites de la compétence, du Tribunal de simple
police, non à augmenter l'emprisonnement (Arrêts de Cassation des 24 février 1826 et 20 mars 1828).

que le Juge a l'intention de n'appliquer que le *mini-mum*, parce que son incompétence est absolue, et que le consentement même des parties ne saurait lui conférer un pouvoir que la loi lui a refusé.

Néanmoins, lorsqu'il s'agit d'une contravention à un réglement administratif rendu *en matière de police municipale* en vertu des articles de la loi du 24 août 1790 ci-dessus cités, le tribunal de police est compétent, quand même les peines portées par ce réglement excéderaient celles de simple police : seulement, comme on l'a dit dans le paragraphe précédent, le Tribunal de police, dans ce cas, ne peut et ne doit prononcer que des peines de simple police (1).

§. 3. — *Les tribunaux de police doivent faire exécuter les réglemens de police.*

Au surplus, Messieurs, les tribunaux de police en punissant les coupables, doivent assurer l'exécution des réglemens administratifs rendus *en matière de police municipale.*

Ils ne peuvent ni interpréter ni modifier ces réglemens.

Ils ne peuvent se refuser de les faire exécuter, sur le motif que le contrevenant a pris une mesure analogue à celle prescrite par les réglemens administratifs ; sur l'allégation *non justifiée* que le Maire ou autre autorité administrative, a suspendu l'exécution des réglemens, ou sous le prétexte que les réglemens faits par le Maire, réglemens qui sont toujours provisoirement exécutoires, n'ont pas été homologués par l'autorité supérieure.

(1) *V.* la note placée à la suite du §. 1er., pag. 22.

§. 4. — *Incompétence des tribunaux de police, relativement aux faits forestiers qui intéressent l'administration forestière.*

Par une exception spéciale, les tribunaux de police sont incompétens pour connaître de tout fait forestier, quand la poursuite est exercée à la requête ou dans l'intérêt de l'administration forestière, même quand la peine encourue serait une peine de simple police, parce que l'article 179 du Code d'instruction criminelle attribue au tribunal correctionnel la connaissance exclusive de toutes les infractions aux lois forestières qui n'ont pas le caractère de crimes (1).

§. 5. — *Compétence des tribunaux de police en cas de contraventions connexes.*

Enfin, les tribunaux de police doivent statuer en *même temps* sur toutes les contraventions connexes, parce que ce qui est connexe ne forme, en quelque sorte, qu'un fait indivisible. On les con-

---

(1) « Toutes les actions et poursuites exercées au nom
» de l'administration générale des forêts, et à la requête de
» ses agens, en réparation des délits ou contraventions en
» matière forestière, sont portées devant les Tribunaux
» correctionnels, lesquels sont seuls compétens pour en
» connaître » (Art. 171 du Code forestier).

« Il n'est rien changé aux dispositions du Code d'ins-
» truction criminelle relativement à la compétence des Tri-
» bunaux, pour statuer sur les délits et contraventions, com-
» mis dans les bois et forêts qui appartiennent aux parti-
» culiers » (Art. 190 du Code forestier).

V. le §. 14 ci-dessus, page 20.

traventions sont connexes, soit lorsqu'elles ont été commises en même temps par plusieurs personnes réunies, soit lorsqu'elles ont été commises par différentes personnes, même en différens temps et en divers lieux, mais par suite d'un concert formé à l'avance entr'elles; soit lorsque les coupables ont commis les unes pour se procurer les moyens de commettre les autres, pour en faciliter, pour en consommer l'exécution ou pour en assurer l'impunité.

Si cependant une contravention de laquelle peut connaître le tribunal de police, présidé par le Maire, est connexe à une contravention dont la connaissance est exclusivement attribuée au tribunal de police présidé par le Juge de paix, le Maire doit se déclarer incompétent, et renvoyer le tout au Juge de paix.

Si une contravention est connexe à un crime ou délit, le Juge de paix ou le Maire doivent se déclarer incompétens, et renvoyer aux Juges chargés d'instruire sur le crime ou le délit.

Il n'y aurait lieu de retenir le jugement dans ces divers cas, qu'autant que le crime, le délit ou la contravention dont la connaissance exclusive appartiendrait au Juge de paix, auraient été jugés sans qu'il eut été statué sur la contravention connexe, parce qu'alors la raison d'indivisibilité, qui formait seulement une incompétence relative, ne subsisterait plus.

FORMALITÉS ET DISPOSITIONS DES JUGEMENS.

§ 1er. — *Citation.*

La citation doit être donnée avec les délais prescrits par l'art. 146 du Code d'instruction criminelle.

Quoiqu'il ne soit pas nécessaire qu'elle contienne l'exposé du fait, il faut cependant qu'elle énonce pour quelle contravention les parties sont citées. Elle doit aussi contenir la désignation précise des prévenus, plaignans et témoins, pour empêcher toute équivoque, et éviter des frais inutiles causés par la nécessité de remettre l'affaire et de donner de nouvelles citations.

§ 2. — *Remise inutile ou indéfinie, déni de justice.*

Les Tribunaux de police doivent juger immédiatement toutes les affaires portées devant eux. Accorder une remise sans des motifs extrêmement graves, ou renvoyer la cause à un délai indéterminé, serait un vrai déni de justice qui exposerait le juge aux plaintes des parties, à la censure de ses supérieurs, et aux justes reproches de sa conscience.

§ 3. — *Débats.*

Les débats doivent être suivis conformément aux articles 153, 155, 156, 157 et 158 du Code d'instruction criminelle (1).

---

(1) On a cru devoir insérer ici les observations suivantes, quoiqu'elles s'appliquent moins encore au jugement des *contraventions*, qu'à l'*instruction et au jugement des affaires criminelles et de police correctionnelle.* — Elles sont extraites d'une circulaire adressée le 17 juin 1822, par le Procureur-général près la Cour royale de Paris, aux Procureurs du Roi du ressort.

« L'usage s'est introduit dans quelques localités de faire
» assigner comme témoin soit pendant l'information, soit
» aux débats, les Maires et Adjoints qui ont dressé des pro-
« cès-verbaux de *contraventions* ou de délits. Cet usage a
» excité des réclamations qui ne manquent pas de fonde-

En conséquence le prévenu ne peut être acquitté sans qu'on ait entendu les témoins cités ou appelés par la partie publique ou par la partie civile. On ne peut se dispenser de les entendre, qu'autant que le

---

» ment , quand on songe à la perte de temps , aux fatigues » et aux dépenses que causent de tels déplacemens à des » fonctionnaires non salariés.

« Il peut être à craindre que quelques-uns d'eux , pour » éviter les inconvéniens ci-dessus signalés , négligent le » devoir de constater soigneusement tous les faits punis- » sables qui se passent dans l'étendue de leur territoire , et » que la plupart , pour concilier le soin de leur repos avec » leurs principes de conscience , qui ne leur permettent » pas d'ériger l'impunité en maximes, ne finissent par con- » cevoir de l'éloignement pour l'exercice d'une autorité » sujette à des désagrémens d'autant plus fâcheux qu'ils peu- » vent se renouveler plusieurs fois dans le cours de chaque » année.

« Il est impossible de déterminer avec précision le cas » où il convient de faire citer en témoignage les Maires et » Adjoints , et ceux où il est opportun de s'abstenir de cette » mesure.

« Cette distinction dépend évidemment des circonstances » de l'affaire , de sa gravité , de la pénurie ou de l'abon- » dance des preuves.

« On n'ignore pas qu'en beaucoup de lieux les procès- » verbaux de crimes ou délits sont rédigés avec peu de dé- » veloppement , et surtout avec peu de clarté ; que souvent » ils ne renferment aucune indication sur les circonstances » du fait dénoncé à la justice ; qu'ils omettent de rapporter » les aveux des prévenus ou du moins les discours et propos » souvent si importans qui sont presque toujours ténus pen- » dant la rédaction des premiers actes de la procédure , soit » par les plaignans , soit par les habitans qui ont une con

simple exposé du fait rend l'incompétence du tribunal évidente.

L'audition des témoins doit être orale ; on ne peut se borner à lire leurs dépositions écrites. On doit les entendre même quand, n'ayant pas été cités, ils sont amenés volontairement par les parties.

Les témoins qui ne comparaissent pas et ne justifient pas d'excuse, encourent les peines portées par la loi contre les témoins défaillans (1).

§. 4. — *Procès-verbaux faisant foi jusqu'à inscription de faux.*

Suivant l'art. 154 du Code d'instruction criminelle, les tribunaux de police ne peuvent, *à peine*

» naissance particulière du délit ; et quelquefois même ils ne
» contiennent aucune indication de témoins ».

« Pour éviter les inconvéniens attachés à la citation trop
» fréquente des Maires et Adjoints en témoignage , il est à
» propos de suppléer par la voie de la correspondance aux
» lacunes qui se rencontrent dans les procès-verbaux , *toutes*
» *les fois que ces lacunes se rapportent à de simples renseigne-*
» *mens.* S'il s'agit de *circonstances importantes* , nul doute
» qu'il ne soit nécessaire de recourir à une citation. Il est
» toutefois désirable que pour rendre moins onéreuse à
» ces fonctionnaires l'obligation de déposer, des délégations
» soient adressées aux Juges de paix à l'effet de procéder à
» leur audition , dans tous les cas où ce mode d'information
» doit être sans danger pour la manifestation de la vérité.

« Enfin , si l'audition des Maires et Adjoints aux débats
» ne doit *rien ajouter aux preuves acquises* , il est tout-à-fait
» convenable de s'abstenir de les faire assigner ».

(1) En cas d'un second défaut, ils sont *contraints par corps* à venir donner leur témoignage.

de nullité, admettre le prévenu à faire preuve outre ou contre le contenu aux rapports ou procès-verbaux des Officiers de police ayant reçu de la loi le pouvoir de constater les contraventions jusqu'à inscription de faux. Le Ministère public ne doit pas non plus appeler de témoins pour soutenir ces procès-verbaux (1).

---

(1) Le prévenu ne peut attaquer les procès-verbaux que par la voie de l'inscription de faux : Dans le cas où il a pris cette voie, on surseoit à statuer sur la contravention jusqu'après le jugement de l'inscription de faux par les juges compétens.

Voir au surplus sur les §. 4 et 5., les art. 175 et suivans du Code forestier.

Les procès-verbaux qui doivent faire foi jusqu'à inscription de faux, ne font foi que quand on y a observé toutes les formalités dont la loi fait dépendre cette foi (Arrêt du 25 juillet 1812). Ils ne font foi jusqu'à inscription de faux, que des infractions pour raison desquelles la loi a attaché cette foi à ces actes (Arrêts des 2 mai 1806, 11 décembre 1807, 4 novembre 1808, 13 mai 1809, 27 septembre 1810, 8 avril 1813).

Il faut pour faire cette foi, que les procès-verbaux constatent *affirmativement* les faits : l'appréciation de la déposition faite en justice par le rédacteur de ces procès-verbaux, pour expliquer *les doutes* qu'ils font naître, est abandonnée à la prudence du juge (Arrêt du 27 février 1812).

La rétractation du fonctionnaire qui a verbalisé ne peut détruire la foi due au procès-verbal jusqu'à inscription de faux (Arrêt du 19 octobre 1809).

On peut entendre les officiers de police judiciaire comme témoins, pour expliquer ce que contiennent les procès-verbaux, ou pour expliquer les faits qui n'y sont pas portés (Arrêt du 12 juillet 1810).

§. 5. — *Procès-verbaux faisant foi jusqu'à la preuve contraire.*

Quant aux procès-verbaux dressés par les Officiers de police qui n'ont pas le même pouvoir, d'après le même article, ils font foi jusqu'à la preuve contraire, et il y aurait lieu d'annuler ou de casser le jugement qui, sur la simple dénégation du prévenu et sans qu'il eût produit aucune preuve contraire (1), aurait jugé insuffisante la preuve résultant de ces procès-verbaux (2).

§. 6. — *Emprisonnement, Amende.*

Les peines ne peuvent être prononcées que telles qu'elles sont portées par la loi.

D'après l'art. 465 du Code pénal, l'emprisonnement dans les cas de police où la loi le prononce, ne peut être moindre d'un jour : et un jour d'em

------

(1) Écrite ou testimoniale.

(2) On ne peut refuser d'entendre les gendarmes en témoignage sur des faits contenus en des procès-verbaux par eux dressés, parce que la loi dispose que les délits seront prouvés par des témoignages, à défaut ou en cas d'insuffisance des procès-verbaux ; que la loi n'exclut pas du témoignage les rédacteurs d'un procès-verbal ; que de simples gendarmes ne sont pas officiers de police judiciaire, et que leurs procès-verbaux ne font pas foi jusqu'à inscription de faux (Arrêts des 3 et 24 février 1820).

Les procès-verbaux des Commissaires de police, des officiers de la gendarmerie et gendarmes, et des gardes champêtres, ne font pas foi jusqu'à inscription de faux, et peuvent être débattus par des preuves contraires écrites ou verbales. (Arrêts des 27 vendémiaire an IX , 30 janvier et 28 août 1807 , 28 octobre 1808 , 6 octobre 1809 , 11 mai et

prisonnement, est un jour complet de vingt-quatre heures.

Selon l'art. 466, l'amende ne peut pas non plus être inférieure à un franc.

§. 7. — *Contrainte par corps.*

La condamnation à l'amende, aux restitutions, indemnités et frais se prononce (1) par corps aux termes des art. 467 et 469 du Code pénal (2).

§. 8. — *Confiscation.*

L'art. 470 autorise, dans les cas déterminés par la loi, à confisquer soit les choses saisies en contra-

---

15 novembre 1810, 20 mars et 8 mai 1812, 31 juillet 1818, 3 février 1821).

Lorsque des procès-verbaux font foi jusqu'à la preuve contraire, le refus d'admission de la preuve contraire est laissé à la prudence du juge (Arrêt du 31 décembre 1812).

(1) Quoiqu'elle soit de droit, il est généralement d'usage de la prononcer.

(2) Lorsque plusieurs contraventions n'ont entr'elles ni liaisons ni connexité, quelles sont le fait propre et particulier de chaque contrevenant, comme le sont, par exemple, les contraventions commises par plusieurs habitans aux lois et réglemens sur le nettoyage des rues, on ne peut rendre ces contrevenans responsables les uns des autres, ni les condamner solidairement; mais on doit les condamner indivi-duellement à l'amende, et cette amende ne peut être pour chacun d'eux, au-dessous du minimum fixé par la loi (Arrêt du 22 avril 1813).

Cette solidarité, la loi n'en parle, art. 55 du Code pénal, que relativement aux crimes et délits? *Quid* à l'égard des con-traventions ? L'arrêt précité semble décider positivement la question.

vention , soit les choses produites par la contravention, soit les matières ou instrumens qui ont servi
ou qui étaient destinés à la commettre (1).

§. 9. — *Récidive.*

Les articles 474, 478 et 482 portent des peines
plus graves en cas de récidive; et l'article 483 dispose qu'il y a récidive, pour les contraventions
prévues par le Code, toutes les fois qu'il a été rendu
contre le contrevenant, dans les douze mois précédens, un premier jugement pour une contravention commise dans le ressort du même tribunal de
police (2).

§. 10. — *Observation des lois et réglemens non abrogés.*

L'art. 484 prescrit de continuer d'observer les lois
et réglemens qui régissent les matières particulières
que le Code pénal n'a pas réglées.

§. 11. — *Responsabilité civile.*

L'art. 74 du Code pénal et les autres dispositions
relatives à la responsabilité civile, doivent être ap-
pliqués aux personnes civilement responsables, et
l'on ne doit pas oublier qu'à moins d'un texte formel de la loi, la responsabilité civile ne s'étend
pas aux peines, et parconséquent point à l'amende.

---

(1) Cette confiscation est une indemnité et non une peine.
Elle peut être poursuivie contre l'héritier du contrevenant
décédé avant le jugement (Arrêts des 9 prairial an IX , 11
floréal an X , 11 messidor an XII, 6 février 1807).

(2) Les mêmes dispositions se trouvent dans l'art. 200 du
Code forestier.

§. 12. — *Jugement par défaut.*

La partie non comparante doit être jugée par défaut sur le vû du procès-verbal, ou d'après l'audition des témoins.

§. 13. — *Oppositions aux jugemens par défaut.*

L'opposition que la partie défaillante forme après les trois jours de la signification du jugement par défaut, n'est plus recevable d'après l'article 150 du Code d'instruction criminelle. L'opposition emporte de plein droit citation à la première audience du tribunal; qui a lieu après l'expiration des délais; si l'opposant ne comparait pas, son opposition est *déclarée non avenue* (1), conformément à l'art. 151 du Code d'instruction criminelle.

Quand l'action est intentée par la partie privée et que les témoins n'ont pas été cités pour déposer dans les nouveaux débats qui doivent toujours avoir lieu sur l'opposition du prévenu comme lors du premier jugement, le ministère public ne doit prendre l'initiative et appeler les témoins à sa requête, que dans le cas où la vindicte publique est intéressée.

§. 14. — *Dispositions, motifs, rédaction et signature des jugemens.*

Pour les dispositions, les motifs, la rédaction et la signature des jugemens, on doit se conformer

----

(1) Il y a dans la loi *est réputée non avenue*, si l'opposant ne comparait pas; mais la rédaction de l'Instruction doit être approuvée, parce qu'il est toujours convenable qu'un jugement statue sur l'opposition.

aux articles 159, 160, 161, 162, 163 et 164 du Code d'instruction criminelle, et ne pas oublier que l'article 163, relatif aux motifs du jugement et à l'insertion de la loi appliquée, doit être exécuté *à peine de nullité.*

§. 15. — *Amendes arbitraires et hors jugemens, défendues.*

On m'assure que sans aucune formalité, sans aucun jugement, des Maires ou Adjoints imposent à des contrevenans ou délinquans, une amende que l'on applique mal à propos à la commune ou aux pauvres. Quoique fait dans une intention louable, cela est entièrement contraire à la loi. En matière criminelle, même en matière de contravention, rien ne saurait être arbitraire : imposer une amende sans formalité, ni jugement, est une véritable forfaiture (1).

MINISTÈRE PUBLIC.

§. 1. — *Nécessité de l'entendre.*

Le Ministère public étant partie nécessaire et devant toujours être entendu, le jugement n'est pas valablement rendu sans son assistance ; en cas d'absence ou de refus de se présenter, on ne peut donner défaut contre lui, et il doit être remplacé (2).

---

(1) Un officier de police judiciaire qui inflige arbitrairement une amende ou un emprisonnement se rend passible des peines graves prononcées par les art. 114 et 174 du Code pénal.

(2) Il doit l'être par une personne capable, d'après la loi, d'en exercer les fonctions.

§. 2. — *Indépendance du ministère public.*

Le ministère public doit agir et conclure avec in-dépendance et ne se soumettre à aucune direction ou influence étrangère. Le tribunal de son côté n'est pas moins libre dans son jugement. Il peut selon sa conscience, acquitter ou condamner le prévenu contre l'opinion du ministère public, même quand le ministère public aurait déclaré se désister de la poursuite.

§. 3. — *Surveillance du ministère public pour l'exécution de la loi.*

Le ministère public étant chargé de veiller au maintien des juridictions et à l'exécution de la loi, il doit se pourvoir contre les jugemens incompétemment rendus, ou dans lesquels les formes prescrites par la loi *à peine de nullité*, auraient été omises ou violées (1).

§. 4.—*L'exécution des jugemens concerne le ministère public.*

Chargé de l'exécution des jugemens par l'art. 165 du Code d'instruction criminelle, le ministère public doit veiller à ce que les condamnés subissent leur peine. Si le jugement prononce une amende, une confiscation ou une condamnation aux frais, il en enverra ou en fera remettre par le greffier un

---

(1) Le ministère public ne peut interjeter appel du jugement qui acquitte l'inculpé, ou prononce contre lui une condamnation n'excédant pas cinq francs (Code d'instruction criminelle , art. 172). Il a alors seulement la voie du pourvoi en Cassation.

extrait au receveur de l'enregistrement chargé du recouvrement. Si le jugement porte une peine d'emprisonnement, il donnera à la gendarmerie ou aux agens de la force publique, un réquisitoire pour effectuer l'arrestation, à moins que le condamné ne veuille se constituer prisonnier. S'il n'existe pas de prison dans la commune ou le canton, le réquisitoire contiendra l'ordre de conduire le condamné dans une des prisons de Paris, et le condamné y sera reçu sur mon *visa* lequel désignera la prison (1).

Il est à observer qu'un jugement par défaut ne peut être exécuté qu'après avoir été signifié au condamné et après qu'il a laissé passer les délais d'opposition d'appel et de pourvoi en cassation sans attaquer ce jugement. Il faut parconséquent que le ministère public soit exact à faire faire la signification (2).

---

(1) S'il n'y a pas de prison *dans le canton où la condamnation a été prononcée*, le condamné peut être conduit dans la maion d'arrêt *du chef-lieu d'arrondissement.*

L'extrait du jugement, ou le réquisitoire délivré par le Maire pour l'exécution, doivent constater qu'il y eu signification, et qu'il n'y a eu ni opposition, ni appel, ni pourvoi en Cassation, ou que le condamné, renonçant à se pourvoir, a demandé à se constituer prisonnier.

(2) *L'Instruction ministérielle* publiée en 1826 sur les frais de justice, contient l'article suivant, placé en regard de l'art. 43 du réglement du 18 juin 1811.

« Lorsque le ministère public est dans le cas de faire exécu-
» ter un jugement de simple police ou de police correction-
» nelle portant peine d'emprisonnement, il n'a pas besoin
» d'une expédition ; il suffit d'un extrait du jugement au bas

Quant aux jugemens contradictoires, ils sont susceptibles d'exécution aussitôt après l'expiration des
délais de l'appel (s'ils sont susceptibles d'appel)
et du pourvoi en cassation (1).

Les uns et les autres seraient exécutoires, même
avant l'expiration des délais, si la partie condamnée
y consentait formellement.

L'exécution des jugemens est négligée dans plusieurs tribunaux de police. L'inexécution de la condamnation fait perdre le respect dû au tribunal, entraîne le mépris de la peine, et encourage les contraventions. Il me suffira sans doute de relever cette
négligence et ses graves inconvéniens, pour que les
Officiers en retard s'empressent de faire exécuter les
jugemens déjà rendus et fassent ponctuellement exécuter ceux qui seront prononcés à l'avenir.

§. 5. — *Envoi des extraits de jugemens au Procureur du Roi.*

Conformément à l'article 178 du Code d'instruction criminelle, les Juges de paix et Maires doivent
au commencement de chaque trimestre, m'envoyer

» duquel le Procureur du Roi délivre l'ordre d'emprisonner
» le condamné. Cet extrait doit encore être remis au rece-
» veur de l'enregistrement, en exécution de l'art. 62 du
» présent réglement. Si cependant l'arrestation n'avait pas
» été effectuée immédiatement, on ne doit pas négliger de
» communiquer l'extrait au préposé de l'enregistrement,
» pour le mettre en état de poursuivre le recouvrement de
» l'amende et des frais ».

(1) Les jugemens, contradictoires susceptibles d'appel,
doivent aussi être signifiés pour faire courir les délais d'appel (Code d'instruction criminelle, art. 174).

l'extrait des jugemens de police rendus dans le trimestre précédent, et qui ont prononcé une peine d'emprisonnement. Comme je dois, aux termes du même article, en rendre un compte sommaire à M. le Procureur général, il est nécessaire que l'envoi me soit exactement fait dans les trois jours de l'expiration de chaque trimestre. Si aucun emprisonnement n'a été prononcé, on doit, dans le même délai, m'envoyer un certificat négatif.

FRAIS.

§. 1. — *Seules Contraventions qui doivent être poursuivies aux frais de l'État.*

On ne doit poursuivre à la requête du ministère public et aux frais de l'État, que les contraventions qui intéressent l'ordre, la sûreté et la salubrité publics. Celles qui intéressent seulement la partie privée doivent être poursuivies à sa requête et à ses frais (1).

§. 2. — *Moyen légal d'épargner les frais.*

Pour épargner les frais, on doit, autant que possible, user de la voie de simple avertissement autorisée par les art. 147, 169 et 170 du Code d'instruction criminelle (2).

-----

(1) Quand il y partie civile en cause et que le prévenu est condamné aux frais, le jugement, d'après l'art. 157 du décret du 18 juin 1811, déclare qu'elle est tenue personnellement des frais faits par l'État, sauf son recours contre le prévenu et contre la personne civilement responsable.

(2) La discipline militaire ne permet pas que des soldats puissent s'absenter sans la permission de leurs chefs. Il convient donc, lorsque les magistrats sont dans le cas de faire

§. 3. — *Timbre et enregistrement.*

Les actes faits et les jugemens expédiés à la requête du ministère public doivent être visés pour
timbre, et enregistrés en *debet.* Le coût du papier
visé pour timbre et celui de l'enregistrement en *debet* doivent être compris dans la liquidation des frais
à la charge du condamné, comme si le timbre et
l'enregistrement avaient réellement eu lieu.

Les procès-verbaux, actes et exploits faits, et les
jugemens rendus ou expédiés à la requête de la partie
privée doivent être timbrés et enregistrés.

§. 4. — *Les frais ne sont jamais à la charge de l'Officier du ministère public.*

Quoique la partie qui succombe doive être condamnée aux frais, néanmoins si c'est le ministère
public, ils restent à la charge de l'Etat, et le fonctionnaire qui a exercé ce ministère ne peut, en au-

______

donner citation à des militaires *présens à leurs corps*, que le
ministère public en donne avis au chef du corps *vingt-quatre
heures au moins avant la notification de la citation*, et qu'il l'invite à donner des ordres pour que les témoins cités obéissent
à justice. Lorsque les témoins appartiennent à la gendarmerie royale, il suffit de prévenir l'officier qui commande
l'arme au chef-lieu de l'arrondissement dans lequel le
témoin sera employé, ou celui sous les ordres duquel il se
trouve. Les citations sont d'ailleurs notifiées dans la forme
ordinaire (*Instruction du ministère de la justice*, du 13
septembre 1820).

Mais il y a lieu de faire observer que c'est surtout lorsqu'il s'agit de témoins militaires, qu'il faut se contenter
d'user de la simple voie d'avertissement, et qu'il suffit même
de prévenir les chefs ; certain qu'on doit être que ceux-ci
ne manqueront pas de donner des ordres qui seront exécutés.

eun cas, être condamné à les supporter personnellement.

§. 5. — *Observation des lois sur les Frais.*

Dans la taxe des exploits et des actes de greffe,
on doit se conformer à la taxe et aux formalités établies par le décret du 18 juin 1811 et aux autres lois
et réglemens, qui règlent les frais de justice criminelle. La taxe des témoins doit se faire au bas de la
copie de citation ou de l'avertissement que les témoins sont tenus de représenter : la taxe ne peut être
accordée qu'autant qu'elle a été formellement requise
par le témoin (1).

**OBSERVATIONS PARTICULIÈRES AUX TRIBUNAUX
DE POLICE PRÉSIDÉS PAR LES JUGES DE PAIX.**

§. 1. — *Distinction du double caractère de ces fonctionnaires.*

MM. les Juges de paix, constitués en tribunal de
police ne peuvent statuer en même temps sur un
point litigieux qui rentre dans leurs attributions
comme juges civils ; ils doivent juger cette partie de
la contestation séparément et suivant les formes civiles ; en prononçant sur l'action publique, ils ne
peuvent statuer en même temps, que sur l'action
privée résultant de la contravention et qui est l'ac-
cessoire de l'action publique (2).

Saisis d'une contravention par une citation de la

---

(1) *Voir* les formules à la suite de cette *Instruction.*

(2) On ne peut condamner un prévenu à des dommages-
intérêts envers la partie poursuivante, que quand il est jugé
qu'il y a délit ou contravention, et que le prévenu en est
coupable. Ainsi, lorsqu'un individu, prévenu d'un délit de

partie privée, où il n'est conclu qu'à une réparation civile, MM. les Juges de paix constitués Juges de police ne peuvent se dépouiller de ce dernier caractère et se constituer en tribunal de paix, parce que l'action privée ayant mis en mouvement l'action du ministère public, partie intégrante et nécessaire du tribunal de police, ce tribunal seul a le droit de statuer, après que le ministère public a donné ses réquisitions.

§. 2. — *Faculté de faire estimer le dommage.*

L'article 148 du Code d'instruction criminelle donne au Juge de paix, lorsqu'il en est requis par le

---

chasse, justifie d'une autorisation de chasse donnée par le propriétaire, le Tribunal n'est pas compétent pour connaître des dommages que celui-ci prétend avoir éprouvés (Arrêts des 13 juillet 1810, 20 avril 1813, 9 juin 1815). L'action doit être portée devant les Tribunaux ordinaires comme purement civile (Arrêts des 27 juin 1812, 30 avril 1813, 22 octobre 1818).

Lorsque sur une prévention de délit de calomnie, le Tribunal reconnaît qu'il n'existait qu'une contravention consistant en de simples injures, il ne peut refuser d'accorder des dommages-intérêts à la partie civile, sous prétexte qu'elle a formé sa demande en dommages-intérêts pour délit de calomnie, et qu'elle aurait dû prendre des conclusions particulières et spéciales à raison des injures, parce que la partie lésée par une infraction, a, par sa demande, exercé un droit accordé par la loi ; et si le fait se modifie seulement dans son caractère, s'il y a lieu, à des dommages-intérêts plus ou moins forts (Arrêt du 22 octobre 1819).

Ces principes doivent recevoir leur application relativement aux contraventions dont la connaissance est portée devant un Tribunal de simple police.

Ministère public ou la partie civile, la faculté de faire estimer le dommage ; de dresser ou de faire dresser des procès-verbaux ; de faire ou d'ordonner tous actes requérant célérité : ces mesures sont laissées à la prudence du juge. Dans tous les cas, elles doivent s'exécuter le plus simplement et avec le moins de frais possible. Le Ministère public ne doit lui-même faire de réquisition conformément à cet article, que quand la contravention intéresse l'ordre, la sûreté ou la salubrité publics.

OBSERVATIONS PARTICULIÈRES AUX TRIBUNAUX DE POLICE PRÉSIDÉS PAR MM. LES MAIRES.

§. 1. — *Tenue et police de leurs audiences.*

Les tribunaux de police, présidés par MM. les Maires, doivent toujours tenir leurs séances dans la maison commune, et les membres qui les composent, être revêtus du costume ou du signe caractéristique de leurs fonctions. Il faut faire observer, dans ces tribunaux, le même silence et le même respect que dans tout autre tribunal (1).

§. 2. — *Les tribunaux présidés par les Maires doivent se renfermer dans leurs attributions.*

MM. les Maires doivent être très-attentifs à s'abstenir de juger les contraventions dont l'art. 139 du Code d'instruction criminelle attribue la connaissance exclusive aux Juges de paix.

§. 3. — *Observations sur certaines contraventions.*

Il serait convenable qu'ils ne renvoyassent pas aux Juges de paix les infractions commises par des

______

(1) *V.* les art. 10 et suiv., 88 et suiv. du Code de pr. civile ; 504 et suiv. du Code d'inst. crim. ; 222 et suiv. du Code pénal.

habitans ou domiciliés , relativement à la propreté , à la salubrité de leur commune, à la sûreté de la voie publique, à l'observation des dimanches et fêtes , etc. Le jugement de l'autorité locale produit , dans ces divers cas , un meilleur effet; il se rend avec plus de célérité et à moins de frais.

§. 4. — *Nécessité de compléter ces tribunaux.*

Il importe essentiellement que le tribunal de police soit complet et légalement composé, autrement il ne pourrait juger avec régularité.

MM. les Maires doivent donc, chaque année, me mettre à portée de désigner, conformément à l'art. 167 du Code d'instruction criminelle, un membre du conseil municipal , pour remplir les fonctions du Ministère public en l'absence de l'Adjoint, ou lorsqu'il remplace le Maire comme Juge de police.

Ils doivent aussi, aux termes de l'art. 168, *me proposer* (1) un homme intelligent et probe, pour remplir les fonctions de greffier.

Dans les communes où cette désignation et cette proposition n'ont pas encore été faites, elles doivent l'être sans aucun retard.

Le membre du conseil municipal et le greffier doivent, avant d'exercer , prêter serment (2).

______

(1) *Me proposer.* L'art. 168 porte *proposer.* L'usage est que le Maire prenne un arrêté dans lequel il déclare proposer tel individu pour greffier, et le Tribunal l'agrée en l'admettant à prêter serment ; c'est du moins ce qui s'est déjà pratiqué.

(2) Autrement ils s'exposent aux peines portées par l'art. 196 du Code pénal.

RECHERCHE DES CRIMES ET DÉLITS.

Comme Officiers de police auxiliaires du Procureur du Roi, MM. les Juges de paix, Officiers de Gendarmerie, Maires, Adjoints et Commissaires de police sont chargés, par les articles 48, 49 et 50 du Code d'instruction criminelle, de recevoir les dénonciations et plaintes de tous crimes et délits; et, en cas de flagrant délit, de dresser les procès-verbaux, de recevoir les déclarations de témoins, et de faire tous les actes qui tendent à constater le fait et à en rechercher les auteurs.

PLAINTES ET DÉNONCIATIONS.

§. 1. — *Elles doivent être détaillées.*

Les plaintes et dénonciations relatives aux crimes et délits doivent être, s'il est possible, encore plus claires, plus précises, plus complètes que celles qui concernent les contraventions. En cas de délits correctionnels, je dois y trouver tous les renseignemens nécessaires sur le fait, sur sa nature et ses circonstances (1), sur les noms, prénoms, professions et

---

(1) L'art. 6 de la loi du 20 mai 1819, relative à la poursuite et au jugement des crimes et délits commis par la voie de la presse, ou par tout autre moyen de publication, contient, sur la forme des plaintes, des dispositions qu'il importe de ne pas perdre de vue, parce que la loi attache à leur inobservation, la nullité des poursuites, et qu'il s'agit de crimes et délits fréquents.

Cet article est ainsi conçu :

« La partie publique, dans son réquisitoire, si elle pour-
» suit d'office, ou le plaignant, dans sa plainte, seront tenus
» d'articuler et de qualifier les provocations, attaques, of-
» fenses, outrages, faits diffamatoires ou injures, à raison

demeure des plaignans, prévenus et témoins, s'ils sont connus, afin que je puisse juger de la compétence du tribunal correctionnel, et faire citer directement à ce tribunal le délinquant, dans le cas où je trouve que l'affaire n'est pas susceptible d'une instruction préalable (1).

» desquels la poursuite est intentée, et ce, *à peine de nul-* » *lité* de la poursuite ».

En conséquence de cet article, les plaintes pour injures doivent faire connaître les injures et diffamations publiques qui déterminent la plainte et la loi dont les plaignans requièrent l'application.

Une lettre adressée par M. le Procureur du Roi à Paris, à plusieurs Commissaires de police, les invite à mettre, en marge de chacun de leurs procès-verbaux, comme plusieurs de leurs collègues sont dans l'usage de le faire, une mention sommaire indiquant le nom du plaignant, celui de l'inculpé ; si l'auteur du crime ou délit est resté inconnu, ou s'il existe de simples soupçons ; et enfin la nature et les circonstances aggravantes du crime ou délit, et dans le cas où il ne s'agit pas d'un crime ou délit, une mention sommaire de l'objet du procès-verbal. L'utilité de cet usage se fait sentir surtout à Paris, où les affaires sont si diverses et si multipliées, qu'on ne saurait trop faciliter le travail des employés du parquet, qui doivent enregistrer les plaintes et procès-verbaux ; cet usage qui doit être recommandé à tous les officiers de police judiciaire, a en outre l'avantage de mettre le Procureur du Roi à même de distinguer rapidement quels sont, parmi les procès-verbaux qui lui sont chaque jour adressés, ceux dont il doit s'occuper d'abord, et qui doivent plus particulièrement fixer son attention personnelle et être l'objet d'un examen et d'une réquisition immédiate.

(2) Pour faciliter l'arrestation des inculpés inconnus, les

§. 2. — *Obligation de recevoir les plaintes et dénonciations.*

Hors le cas où *très-évidemment* la dénonciation ou la plainte n'énoncerait aucun fait réputé par la loi crime, délit ou contravention, l'Officier de police est tenu de la recevoir: refuser serait un véritable déni de justice. S'il est douteux que les faits articulés constituent une infraction quelconque, c'est à la justice seule qu'il appartient de lever ce doute. L'Officier de police ne peut donc refuser de recevoir la plainte ou la dénonciation sous le prétexte que le caractère du fait est douteux; il le peut encore moins sous le prétexte que la preuve serait impossible (1).

FLAGRANT DÉLIT, ET CAS ASSIMILÉ AU FLAGRANT DÉLIT.

Dans tous les cas de flagrant délit, et dans tous

---

plaignans et les dénonciateurs donnent le signalement exact de leurs personnes et de leurs vêtemens, sans omettre les signes particuliers propres à rendre la recherche plus facile.

(1) Les plaintes, dénonciations, procès-verbaux, informations, interrogatoires, et toutes autres pièces, doivent toujours être envoyés au ministère public, *en originaux*, la loi le veut ainsi. C'est donc à tort que plusieurs officiers de police judiciaire dressent ces actes sur un registre et n'envoyent que des expéditions. Les originaux des pièces sont aussi les *seuls* élémens des jugemens des Tribunaux de simple police.

Des Citations directes.

On a pensé qu'il serait utile de placer à la suite des 1er. et 2e. §. relatifs aux *plaintes et dénonciations*, une circulaire

ceux assimilés au flagrant délit, la loi, Messieurs, impose l'obligation de dresser un procès-verbal, parce que la base de presque toute procédure cri-

---

adressée aux Commissaires de police de Paris par le Procureur du Roi près le Tribunal de la Seine, et ayant pour objet de faire connaître aux parties plaignantes la faculté qu'elles ont d'assigner directement les parties et les témoins devant le Tribunal de police correctionnelle.

Messieurs,

« D'après les dispositions de l'art. 5o du Code d'instruction criminelle, les Commissaires de police sont chargés de recevoir les plaintes et dénonciations de tous crimes ou délits commis dans les lieux où ils exercent leurs fonctions, et les procès-verbaux que vous dressez me sont ensuite transmis aux termes des art. 29 et 53 du même Code, soit par M. le Préfet de police, soit par vous ».

« Je n'ai pas besoin de vous rappeler quelle est, sous ce rapport, l'importance de vos fonctions ; elles vous constituent intermédiaires entre le particulier qui se plaint et la justice qui doit statuer sur ses plaintes , car vous devez regarder *l'obligation de les recevoir* comme une de celles qui sont plus rigoureusement imposées ».

« Il est cependant quelques circonstances où le soin que vous avez pris de dresser procès-verbal de la plainte et de me le faire parvenir de la manière accoutumée peut ralentir pour les justiciables l'action de la justice ; c'est lorsqu'il s'agit de faits qui ne constituent que des *délits punissables de peine de police correctionnelle , ayant un caractère peu grave , et qui ne paraissent pas avoir besoin de subir l'épreuve d'une instruction préalable,* comme dans la plupart des plaintes pour *coups , diffamations ou injures* ».

« Dans tous les cas, aux termes de l'art. 160 du décret du 18 juin 1811 , je n'exerce de poursuites qu'autant que les

minelle ou correctionnelle est un procès-verbal constatant les traces du crime ou du délit.

§. 1. — *Flagrant délit.*

Le flagrant délit (et ici le mot *délit* employé dans

---

plaiguans se constituent *parties civiles* et consignent au greffe du Tribunal la somme nécessaire pour les frais de la procédure, ces formalités occasionnent des délais et des lenteurs ».

« Il est un moyen de les éviter et de simplifier votre travail. Ce moyen consiste à *faire savoir aux plaignans* que la loi leur offre une voie plus prompte pour obtenir un jugement ; *qu'ils peuvent assigner directement les prévenus et les témoins devant le Tribunal de police correctionnelle*, et que, sans même qu'il leur fût nécessaire de recourir à un avocat ou à un avoué, ils peuvent *charger* les huissiers audienciers près le Tribunal correctionnel de rédiger et donner ces assignations. Ce bureau que j'ai fait établir dans la grande salle du Palais en face de mon parquet, se trouve placé sous ma surveillance spéciale ».

« Je vous invite, Messieurs, à donner cet avertissement toutes les fois que l'occasion s'en présentera ».

« J'emploie ce mode avec succès à mon parquet lorsque les justiciables se présentent directement devant moi pour *faire* ou *déposer* leur plainte. Je la reçois s'ils préfèrent ce mode de procéder ; dans le cas contraire, je les renvoie au bureau des huissiers audienciers pour faire donner une *citation directe* à l'audience. Vous ne devez pas oublier que la faculté de renvoyer au bureau des huissiers pour rédiger l'assignation, et au parquet pour indiquer le jour de l'audience, ne peut être pour vous un motif de ne pas recevoir la plainte, toutes les fois que les parties *préfèrent* ce dernier mode de poursuite ».

« Ces règles au surplus ne sont pas applicables aux indi-

son acception ancienne et générique , s'entend de
tout délit, proprement dit, ou de tout crime), est
celui qui se commet actuellement, ou qui vient de
se commettre, et qui est, en quelque sorte, exposé
à la vue de tout le monde ; par exemple, lorsqu'une
maison vient d'être incendiée, ou qu'un homme
vient d'être homicidé ou blessé sur la voie publique,
ou qu'il arrive une émeute ; ou lorsqu'enfin la personne lésée , les témoins et le prévenu sont encore
sur les lieux.

Il y a aussi flagrant délit, lorsque le prévenu est
poursuivi par la clameur publique (1), ou que, dans un
temps voisin du délit, il est trouvé saisi d'effets , armes, instrumens (2) ou papiers faisant présumer qu'il

---

gens dans l'intérêt desquels le ministère public poursuivra
toujours ; et dans ce cas , vous aurez soin de joindre à la
plainte le certificat d'indigence ».

« Recevez , Messieurs , etc.

(1) L'officier de police judiciaire doit se tenir en garde
sur la *clameur publique* , et examiner les causes qui l'ont fait
naître et si là malveillance ne l'a pas excitée ou préparée ;
ou bien s'il s'agit au contraire d'une acclamation spontanée,
comme est celle de citoyens inopinément assemblés aux
cris poussés par la victime , et étrangers à toute passion et
sans intérêt à calomnier.

Il ne faut pas confondre la *clameur publique* avec la *notoriété publique* qui n'est qu'une rumeur qui s'élève ou un bruit
qui se répand d'ordinaire quelque temps après la consommation du crime. Cette notoriété publique peut et doit même
éveiller l'attention des magistrats, et leur suffire pour commencer une information, mais il n'y aurait pas *flagrant
délit* dans le sens de la loi.

(2) Il est essentiel qu'il soit établi que l'inculpé était ou

est auteur ou complice. Dans ce cas, l'arrestation du coupable, ou la saisie de pièces de conviction sur sa personne, dans un temps rapproché du délit, rend le fait aussi patent que dans le cas de flagrant délit proprement dit.

§. 2.—*Cas assimilé au flagrant délit.*

Le cas assimilé au flagrant délit, est celui où s'agissant d'un crime ou délit, même non-flagrant, commis dans l'intérieur d'une maison, le chef de la maison requiert l'Officier de police auxiliaire de le constater. Dans ce dernier cas, qui se présente fréquemment, comme c'est la *réquisition* du chef de la maison, c'est-à-dire du propriétaire ; principal locataire ou locataire particulier, qui fonde la compétence de cet Officier, *il est essentiel et indispensable d'en faire mention* (1).

---

non autorisé à porter des armes, et qu'à raison de sa profession, il avait le droit ou l'habitude d'être nanti d'armes ou autres instrumens.

(1) *Observation commune aux deux §. qui précèdent.*

Hors les cas de *flagrant délit, d'incendie ou de secours réclamés de l'intérieur des Lycées, collèges, et autres écoles appartenant à l'Université*, aucun officier de police ou de justice ne peut s'y introduire pour *constater un corps de délit* ou pour l'exécution d'un mandat d'amener ou d'arrêt dirigé contre les membres ou élèves de ces établissemens, s'il n'en a l'autorisation spéciale et par écrit des Procureurs-généraux, de leurs substituts, et des Procureurs du Roi (Art. 157 du décret concernant le *régime de l'Université*, du 15 novembre 1811).

PROCÈS-VERBAUX HORS LE CAS DE FLAGRANT DÉLIT, ET POUR FAITS PUREMENT CORRECTIONNELS.

Quoique la loi ne semble vous charger, Messieurs, de dresser des procès-verbaux qu'en cas de crimes et de flagrant délit, cependant l'usage introduit par la nécessité, est que vous en dressiez aussi hors le cas de flagrant délit, et même quand il s'agit seulement d'un fait correctionnel. Si vos procès-verbaux, dans ce cas, paraissent n'avoir pas la même force, ils servent au moins de renseignemens. Il arrive souvent d'ailleurs qu'un fait qui dans le principe n'a paru que purement correctionnel, est reconnu un véritable crime par la preuve ultérieure de circonstances aggravantes qui avaient échappé aux premières recherches. Il est donc essentiel que, dans *tous les cas*, vos procès-verbaux soient faits et rédigés avec le même soin.

Dans les cas de flagrant délit ou autres, on ne peut se dispenser de dresser procès-verbal sous le prétexte que la preuve est impossible ou que le prévenu est inconnu, parce que les preuves qui manquaient peuvent s'acquérir par la suite, et que le prévenu peut être découvert un jour.

PREMIÈRES RECHERCHES.

Les recherches les plus promptes sont les plus fructueuses : le moindre retard peut faire disparaître des indices souvent fugitifs. Lorsque l'Officier de police auxiliaire a négligé de constater le fait, ou qu'en le constatant il a omis de recueillir des indices essentiels, cette omission est presque toujours sans remède(1). Aussi, Messieurs, ces premières recherches exigent-elles tout votre zèle, toute votre activité, toute votre attention.

Un crime ou un délit vous est-il déféré, vous devez vous transporter sans retard sur les lieux; en décrire scrupuleusement l'état (2); vous saisir des armes, des instrumens et de tout ce qui aurait servi à commettre le crime ou délit, des objets suspects que le prévenu aurait abandonnés ou bien oubliés, des choses qui seraient le produit du crime, ou qui pourraient servir à la manifestation de la vérité (3 ; en-

----

(1) Si les traces du crime ou du délit sont de nature à s'effacer promptement, et que l'officier de police judiciaire ne puisse de suite les vérifier et les constater avec tout le soin convenable, il doit prendre des mesures à cet égard, et établir même au besoin une garde sur les lieux.

(2) Il importe de faire la description des localités, d'indiquer si la place ou la maison où le crime a été commis est située loin des autres habitations, si du bruit ou des cris ont pu être entendus, si la victime attaquée dans un lieu a succombé dans un autre, et les traces que le trajet a pu laisser. Dans ces divers cas, un plan peut être indispensable pour se faire une idée exacte des lieux, et pour l'intelligence du fait principal et de ses accessoires.

En cas d'insuffisance d'une description des diverses choses qui peuvent servir à la manifestation de la vérité, et qui ne sont pas de nature à être déplacées, il devient utile d'en faire exécuter des dessins ou des modèles destinés à être représentés aux magistrats ou aux jurés appelés à prononcer sur le sort de l'inculpé.

(3) L'art. 9 du réglement du 18 juin 1811, sur les Frais de Justice, porte :

« Les procédures et les effets pouvant servir à conviction

tendre les personnes lésées, si elles n'ont pas encore porté plainte ou si elles ont de nouvelles explications à fournir; recevoir les déclarations des personnes présentes qui auraient des renseignemens à donner; appeler au procès-verbal les parens, voisins, amis, domestiques, ou tous autres présumés

---

» ou à décharge seront transportés par les gendarmes char-
» gés de la conduite des prévenus ou accusés.

« Si, à raison du poids ou du volume, ces objets ne
» peuvent être transportés par les gendarmes, ils le seront,
» d'après un ordre écrit du magistrat qui ordonnera le trans-
» port, soit par les messageries, soit par les entrepreneurs
» des transports et convois militaires, soit par toute autre
» voie plus économique, sauf les précautions convenables
» pour la sûreté des objets ».

En regard de cet article, l'*Instruction ministérielle* de l'année 1826, contient l'article suivant:

« Les Magistrats et les Officiers de police judiciaire doi-
» vent prendre les précautions nécessaires pour que les
» pièces de conviction ne soient pas endommagées par le
» transport. Ils devront aussi indiquer dans l'ordre de
» transport, qui sera toujours joint *au Mémoire,* le poids
» des objets à transporter et le jour où ces objets devront
» arriver à leur destination, afin que, d'un côté, on puisse
» juger de la nécessité de prendre une voiture à un ou plu-
» sieurs colliers, ou seulement un cheval de bât, et sa-
» voir, de l'autre, si, au moment où ces objets doivent
» être envoyés, l'entrepreneur ne serait pas dans le cas
» d'effectuer un transport de prisonniers; on pourrait alors
» placer sur la voiture les objets dont il s'agit.

« Les mémoires seront dressés conformément aux mo-
» dèles Nos. 2 et 3 ».

Nous renvoyons *aux modèles* des états, mémoires, taxes, mandats, etc.

en état de donner des éclaircissemens ; rechercher et entendre surtout en leurs déclarations les personnes qui, dans des instans rapprochés du délit, auraient rencontré ou vu roder le prévenu dans les lieux ou aux environs des lieux, appeler les personnes qui par leur art ou profession, sont capables d'apprécier la nature du fait et ses circonstances (1) ; défendre, si cela est nécessaire, à qui que ce soit, de sortir de la maison ou de s'éloigner des lieux jusqu'après la clôture du procès-verbal, de peur que l'indiscrétion ou la connivence ne trahissent le secret de vos opérations ; faire comparaître devant vous le prévenu, en vertu d'un mandat d'amener, s'il est connu ou suffisamment désigné ; l'interroger sur l'emploi de son temps avant, pendant ou après le délit, sur le délit même et ses circonstances ; vérifier sur-le-champ ses réponses ; le confronter, s'il est utile, aux plaignans, aux témoins ou aux autres prévenus ; vous saisir, au moment même de son arrestation, des armes, instrumens, effets et papiers, qui auraient rapport au délit ou qui seraient suspects ; faire sans délai perquisition dans ses divers domiciles, dans ceux de ses concubines ou de ses affidés, dans les lieux où il aurait une retraite ou un dépôt d'effets ; vous y saisir également de tous instrumens, armes ou objets suspects ; représenter au prévenu les choses saisies, soit sur le lieu du délit, soit sur sa personne,

---

(1) S'attacher à fixer de la manière la plus invariable *l'heure* où le fait a été commis, parce que cela importe très-souvent pour la preuve soit de l'innocence, soit de la culpabilité du prévenu.

soit dans son domicile, soit chez ses concubines ou
ses affidés ; le faire expliquer sur ces choses, sur la
possession qu'il en aurait eue ou l'usage qu'il en
aurait fait ; appeler et entendre en leurs déclarations
les personnes qui pourraient déposer de cette possession ou de cet usage, celles de qui le prévenu
tiendrait ces choses, ou qui les auraient seulement
aperçues dans ses mains peu d'instans avant le délit ;
recueillir des hommes de la force publique qui ont
été appelés sur les lieux ou qui ont concouru à l'arrestation, ou de toutes autres personnes, les aveux
ou discours suspects qui seraient échappés au prévenu sur le lieu du délit, lors de son arrestation, au
corps-de-garde ou pendant sa conduite devant l'Officier public ; vérifier sans délai les relations qui
pourraient exister entre lui et les personnes avec
qui il aurait prié de le laisser communiquer ; vérifier, surtout en cas de vol, la légitimité de la possession des reconnaissances du Mont-de-Piété, saisies chez le prévenu ou sur sa personne ; constater
avec les mêmes détails les autres crimes et délits,
connexes ou non connexes, que les recherches fe-
raient découvrir ; veiller à ce que le prévenu ne jette
ou ne détruise des pièces à conviction ou des objets
suspects, et ne communique avec personne ; désigner, autant que faire se pourra, les noms, prénoms, âges, professions et domiciles des parties
lésées, des personnes inculpées, des témoins, des
hommes de la force publique, et des experts, afin
qu'en procédant à l'instruction on puisse les retrou-
ver et les appeler facilement ; vous faire donner par
les plaignans, dénonciateurs et témoins, et consigner dans la procédure le signalement exact et dé-

taillé de la personne et des vêtemens des inculpés non arrêtés, afin de faciliter la recherche et de donner plus de poids à la reconnaissance ultérieure des inculpés par ces diverses personnes ; enfin recueillir scrupuleusement tous les indices, tous les renseignemens relatifs à la passion ou à l'intérêt qui auraient déterminé le crime : tel est, Messieurs, le sommaire des principales opérations que vous avez à faire ; opérations qui doivent être effectuées avec ordre et détail, et consignées avec clarté, précision et concision, en vous servant, autant que possible, des expressions des plaignans, dénonciateurs, témoins et prévenus, et employant toujours les termes techniques des experts.

CÉLÉRITÉ INDISPENSABLE.

En vous livrant, Messieurs, aux opérations que la loi vous confie, vous n'oublierez pas que c'est dans le premier moment du délit que la vérité toute entière se manifeste. Le plaignant dans l'émotion causée par le tort qu'il vient d'éprouver; les témoins dans l'indignation dont le fait les pénètre, s'expliquent avec franchise et véracité. La justice n'est pas encore entravée par les conseils d'une pitié mal entendue, par les sollicitations, et par une foule de considérations préjudiciables à la société. Le temps effaçant bientôt les premières impressions produites par le délit, si le fait n'était pas promptement constaté, il serait à craindre qu'on ne cherchât par la suite ou à le déguiser ou au moins à l'atténuer, en en dissimulant ou dénaturant les circonstances. Quant au prévenu, interrogé sur-le-champ, dans le trouble inséparable de son arrestation, il n'a ni la faculté ni le temps de résister à l'ascendant de la justice, de préparer une défense artificieuse, ou de se concerter avec ses complices. Vous devez donc, sans aucune remise, entendre le dénonciateur ou le plaignant, les témoins, le prévenu, ne pas désemparer que votre opération ne soit consommée. *En cas de flagrant délit, il importe, à votre arrivée, de vous faire désigner les témoins, et d'empêcher qu'ils ne s'éloignent.* L'expérience prouve qu'une fois éloignés, soit indifférence, soit répugnance, soit encore crainte d'être détournés de leurs occupations, loin de venir offrir leur témoignage à la justice, ils s'efforcent de rester inconnus.

OBSERVATIONS RELATIVES AUX AGENS DU GOUVERNEMENT ET A CERTAINS FONCTIONNAIRES INCULPÉS DE CRIMES OU DÉLITS.

Il est des cas où vous devez, Messieurs, vous abstenir de faire arrêter et d'interroger le prévenu. Ce sont ceux où s'agissant d'un crime ou délit commis par un agent du Gouvernement dans l'exercice de ses fonctions, il faut préalablement obtenir l'autorisation de poursuivre cet agent. Ce sont encore ceux où certains fonctionnaires désignés par la loi, ne peuvent être arrêtés hors le cas de flagrant délit, et leur procès instruit et jugé, que selon des formes spéciales, ou par des magistrats spécialement chargés de procéder et de juger. Dans ces divers cas, pour ne pas laisser perdre la trace du fait, vous devez, comme à l'égard des autres crimes et délits, faire toute l'instruction préliminaire, jusques et non compris l'arrestation et l'interrogatoire du prévenu.

IMPARTIALITÉ RECOMMANDÉE.

Du reste, Messieurs, dans quelques circonstances que vous procédiez, vous n'oublierez pas, sans doute, que dans l'impartialité de votre ministère, vous avez à recueillir tout ce qui est à la décharge comme tout ce qui est à la charge du prévenu. Si la société nous prescrit la rigoureuse obligation d'employer tous nos efforts à la recherche du crime, elle nous impose le devoir bien plus impérieux encore d'user absolument de tous nos moyens pour découvrir l'innocence et lui épargner une injuste et flétrissante persécution.

OBSERVATIONS SUR CERTAINS CRIMES ET DÉLITS.

Il serait difficile, Messieurs, de vous indiquer toutes les choses qu'il est nécessaire de faire, de constater ou de recueillir ; les circonstances varient avec chaque espèce de fait et avec chaque fait en particulier. Nous nous bornerons donc à vous retracer quelques règles ou observations générales sur les crimes et délits les plus importans ou qui peuvent se reproduire le plus souvent.

CRIMES CONTRE LA SURETÉ DE L'ÉTAT.

Je ne vous parlerai pas, Messieurs, des crimes qui menacent la sûreté extérieure ou intérieure de l'État. Heureusement ces crimes sont rares, et dans la capitale rien n'échappe à une police active et vigilante. Je n'ai, relativement à ces crimes, qu'une observation à vous faire ; c'est que vous ne devez pas prendre sur vous seuls l'événement de la recherche et de l'arrestation des coupables, et que, tout en commençant à procéder avec la plus grande circonspection pour ne pas laisser perdre la trace du fait, *vous devez, sans le plus léger retard, avertir l'autorité supérieure.*

CRIS ET ACTES SÉDITIEUX.

Il est des infractions qui, sans avoir le même degré d'importance et de gravité que ces crimes, n'en doivent pas moins éveiller la sollicitude des magistrats qui concourent au maintien de l'ordre ; ce sont les cris séditieux et les provocations à la révolte, prévus par la loi du 9 novembre 1815 (1). Ces infractions, qui, grâces à une salutaire sévérité, deviennent de jour en jour moins fréquentes, seraient de nature à troubler la tranquillité publique, à ébranler la fidélité des sujets du Roi; on ne saurait donc déployer contre les coupables une trop active répression. Lorsque vous avez à constater une de ces infractions, vous devez avoir sous les yeux la loi précitée, et vous attacher à rechercher et à constater scrupuleusement dans vos procès-verbaux, tout ce qui doit servir, d'après cette loi, à caractériser le fait, et parconséquent à fixer la compétence et à régler l'application de la peine.

FAUSSE MONNAIE, FAUX EN EFFETS PUBLICS, EN ÉCRITURE PUBLIQUE ET PRIVÉE.

La fausse monnaie, la contrefaction des sceaux de l'Etat, des billets de banque, et des effets pu-

---

(1) Cette loi a été abrogée par celle du 17 mai 1819, et remplacée par cette dernière loi et par celles des 25 mars 1822 et 29 novembre 1830.

blics sont au nombre des crimes les plus importans après ceux qui intéressent la sûreté de l'Etat.

Dans la recherche de ces crimes, on doit principalement s'efforcer de découvrir le lieu où sont déposées les pièces fausses déjà fabriquées, celles en fabrication, les sceaux et timbres faux, les instrumens, métaux, papiers et autres matières et objets qui servent à la contrefaction et saisir le tout après une description très-détaillée.

Quand on n'est pas parvenu à s'assurer de tous les coupables et principalement des auteurs de la fabrication, quand on n'a saisi qu'un simple distributeur ou agent subalterne, on doit essayer d'obtenir de ces derniers d'utiles renseignemens, en leur représentant que la loi les exempte de la peine encourue s'ils procurent l'arrestation des autres coupables.

Dans le cas des autres crimes ou délits de faux, on doit se faire représenter ou saisir la pièce fausse, parce qu'en elle réside le corps du délit, et que sans cette pièce, il ne peut être fait aucune vérification d'écriture ou autre. On doit aussi rechercher ou se faire remettre des pièces d'écriture, tant de la personne dont l'écriture ou la signature ont été contrefaites, que du prévenu, afin de servir de pièces de comparaison. Les pièces sous signatures privées ne pouvant être admises comme pièces de comparaison, qu'autant qu'elles sont reconnues par les parties, on doit préférer celles authentiques. Les écrits sous signatures privées ne sont nécessaires que quand il a été impossible de se procurer des pièces authentiques, ou que ces pièces ne présentent pas assez d'élémens de comparaison. Parmi les pièces sous signatures privées, on doit choisir celles qui paraissent les moins susceptibles de contestation ou de suspicion, et qui ont été écrites dans le temps le plus voisin du délit.

Lorsque les pièces de comparaison sont des registres publics ou des minutes d'actes authentiques, on ne doit les déplacer que dans les cas où cela est permis par la loi, et en observant les formalités qu'elles a prescrites.

HOMICIDE.

Homicide involontaire ; homicide volontaire ou meurtre ; homicide prémédité ou de guet-à-pens qualifié assassinat.

§. 1. — *État du cadavre, des lieux, des pièces de conviction, etc.*

Les homicides, par leur gravité, sont ceux des faits dont la recherche commande le plus de zèle.

En cas d'homicide ou de mort violente ou subite pouvant faire soupçonner un homicide, il est indispensable de décrire l'état des lieux ; celui des fermetures ou clôtures, si le fait s'est passé dans un lieu fermé ou clos ; l'état et la position du cadavre ; l'état des vêtemens dont il est couvert ; la nature, la situation et l'état des instrumens, armes, objets ou papiers trouvés près du cadavre ou dans un lieu voisin.

Si, avant l'arrivée de l'Officier public, le cadavre et les meubles ou autres objets qui étaient à sa proximité, ont été dérangés, si les armes, instrumens, effets ou papiers dont il était porteur, ou qui se sont trouvés près de lui , ont été enlevés , l'Officier public doit s'empresser de faire rétablir les choses dans leur premier état , de les faire replacer ; s'il est possible , par les personnes mêmes qui les ont dérangées, et si cela est impossible , de faire expliquer ces personnes sur l'état où elles se trouvaient ; il constatera le tout.

Il ne faut pas surtout négliger de parler du sang qui souillerait les vêtemens, armes, instrumens et autres choses appartenant au défunt (1) ou au prévenu. Dans tous les cas, et surtout quand le prévenu est nanti de ces objets, on s'en saisira et on les conservera , comme toutes autres pièces de conviction , en prenant les précautions prescrites par l'art. 38 du Code d'instruction criminelle.

Si des traces de sang font présumer que la personne homicidée a été attaquée ou tuée dans un lieu, qu'elle a fui ou qu'elle a été traînée jusque dans le lieu où gissait le cadavre, on les constatera. Si des indices font présumer que le défunt s'est défendu, on les recueillera très-soigneusement , et l'on vérifiera si le prévenu n'aurait pas sur sa personne ou dans ses vêtemens , des marques de cette defense (2).

---

(1) Il faut avoir le soin de constater si l'auteur du fait incriminé a pu trouver sur les lieux mêmes les instrumens dont il s'est servi , s'ils étaient à sa portée, les difficultés qu'il lui a fallu surmonter pour se les procurer ou la facilité qu'il a eue de s'en saisir ; si au contraire il a dû ou pû les apporter , et quelle peine il lui en a dû coûter.

(2) *Voir* la note page 55 , sur la nécessité de faire dresser quelquefois des plans.

5

Quand le jour ou l'heure de la mort ne sont pas bien connus, il faut rechercher et constater quel est le dernier moment ou a été vu le défunt, et si l'on a entendu partir du lieu où gît le cadavre, du bruit, des cris ou des plaintes qui paraissent se rapporter à l'instant de la mort.

L'Officier de police doit enfin employer tous ses moyens pour rechercher et constater si l'homicide ne présenterait aucune infraction à la loi; si, au contraire, ayant été commis par maladresse, imprudence, défaut de précaution, inattention, négligence ou inobservation des réglemens de police, il aurait le caractère d'un délit correctionnel; si étant volontaire, il constituerait un crime de meurtre; si ayant été prémédité ou exécuté de guet-à-pens : il aurait le caractère de l'assassinat.

§. 2. — *Vols ou autres crimes et délits commis en même temps que l'homicide.*

Il ne faut pas omettre de rechercher et de constater les vols ou autres crimes ou délits dont le meurtre ou l'assassinat aurait été précédé, accompagné ou suivi, parce que la complication du fait le rend plus grave, et détermine, en cas de meurtre, une peine différente et plus forte.

§. 3. — *Circonstances destructives ou atténuantes du crime d'homicide.*

S'il est allégué que l'homicide a été commis pour la légitime défense de soi-même ou d'autrui, comme, par exemple, en repoussant, *pendant la nuit*, l'escalade ou l'effraction des clôtures, murs ou entrées d'une maison ou de ses dépendances; ou en se défendant contre des vols ou pillages effectués avec violence ; s'il est allégué que l'homicide est excusable, en ce qu'il aurait été commis pour repousser, *pendant le jour*, ces mêmes escalades ou effractions, ou qu'il aurait été provoqué par des coups ou violences graves envers les personnes, l'Officier de police judiciaire doit scrupuleusement rechercher et constater tous les faits et indices qui tendent à vérifier ou à démentir ces diverses allégations.

§. 4. — *Armes prohibées, fabricateurs et distributeurs de ces armes.*

Quand les armes qui ont servi à commettre l'homicide sont des fusils ou pistolets à vent, tromblons, poignards, cannes ferrées, plombées ou à dard, ou toutes armes prohibées par la loi et par les règlemens de police, il faut en rechercher le fabricateur et le débitant, parce qu'ils sont punissables (1).

§. 5. — *Vérifications médico-légales.*

L'Officier de police se fera aider, s'il y a lieu, dans ses recherches, par des docteurs en médecine ou en chirurgie, connus par leur probité et leur capacité. Les simples officiers de santé ne peuvent être appelés que concurremment avec un docteur ; la loi ne présumant pas en eux le même degré d'instruction, leur rapport n'aurait ni la même autorité,

---

(1) Si l'inculpé est détenteur d'armes de guerre, dont la possession lui soit interdite par l'Ordonnance royale du 24 juillet 1816, ces armes sont saisies, et le procès-verbal en fait mention.

ni la même force légale. Dans les cas difficiles, il est prudent d'appeler toujours deux docteurs.

L'Officier public doit toujours être présent à l'ouverture et à l'examen du cadavre, exiger que tout soit fait avec la plus scrupuleuse exactitude, et faire consigner dans le rapport des gens de l'art, les observations que l'expérience de ces sortes d'opération lui suggérerait, relativement à la présomption d'intention, de volonté et de préméditation, qu'on peut tirer de l'arme ou instrument dont le coupable s'est servi, de la situation, de la direction, du nombre et de la gravité des blessures qui ont causé la mort.

Dans tous les cas, principalement dans ceux où il est nécessaire de savoir si l'homicidé était habillé lors de l'événement qu'il s'agit de constater, on rapprochera des blessures les trous ou coupures observés à ses vêtemens ; et pour constater que les armes ou instrumens perçans trouvés soit sur le lieu du délit, soit dans les environs, soit sur la personne ou dans le domicile du prévenu, sont ceux qui ont servi à donner la mort, les hommes de l'art examineront le rapport de ces instrumens ou armes tant avec les blessures de l'homicidé, qu'avec les trous et coupures de ses vêtemens.

Le rapport des hommes de l'art doit être clair, précis et suffisamment détaillé. Ils doivent, avant tout, s'expliquer sur l'état extérieur du cadavre. En général, et sauf les cas d'urgence, ils ne doivent pas, dans le premier moment, être autorisés à en faire l'ouverture : *cette opération importante peut et doit presque toujours être retardée jusqu'au moment où le procès-verbal m'est remis, et où je puis, soit la prescrire, soit permettre l'inhumation selon les circonstances* (1).

§. 6. — *Confrontation du prévenu au cadavre.*

Quand on le peut, il faut confronter au cadavre

----

(1) Aux observations contenues dans ce §., il est utile d'ajouter celles qui se trouvent dans l'*Instruction générale du ministère de la justice* de 1826, sur les frais de justice en matière criminelle, et qui sont en regard de l'art. 16 du décret du 18 juin 1811.

« Les magistrats et les officiers de police judiciaire, (porte
» cette Instruction), ne sauraient apporter trop de soin dans
» le choix des gens de l'art dont ils peuvent se faire assister,
» en vertu des art. 43 et 44 du Code d'instruction crimi-
» nelle, pour constater le corps du délit. Les opérations de
» médecine légale surtout exigent cette précaution : elles sont
» souvent difficiles et délicates, et elles ont une grande in-
» fluence sur le jugement des affaires les plus graves ; c'est
» un double motif de ne les confier qu'à des hommes ins-
» truits, expérimentés et capables de les bien faire. Les
» erreurs et les méprises qui se commettent au moment du
» flagrant délit, sont trop souvent irréparables ; et quand il se-
» rait toujours possible de recommencer avec succès ce qui a
» été fait dans le principe, il en résulterait toujours un surcroît
» de dépense qu'on aurait prévu par un choix plus éclairé.

« Pour guider dans ce choix important les officiers de
» police inférieurs, chaque Procureur du Roi pourrait choisir
» à l'avance les médecins véritablement dignes de sa con-
» fiance dans chaque commune ou dans chaque canton, et
» en envoyer la liste à ses auxiliaires, en leur recommandant
» de les appeler exclusivement pour les opérations qu'ils
» seraient dans le cas de requérir avant d'avoir pu en ré-
» férer au Procureur du Roi. Ces médecins, jaloux de ré-
» pondre dignement à ce témoignage d'une honorable con-

le prévenu ou les individus soupçonnés. Cette confrontation produit quelquefois des aveux, ou fait naître des observations qu'il est utile de recueillir. Cette mesure est commune aux cas d'infanticide et d'empoisonnement dont je vais parler.

INFANTICIDE.

L'infanticide, trop souvent impuni, est un

» fiance, se livreraient d'une manière plus spéciale à l'étude
» des matières médico-légales, et l'on aurait ainsi assuré
» la régularité des opérations qui servent souvent de bâses
» aux procédures criminelles.

« Entre plusieurs médecins, experts, etc., également
» capables, on doit choisir ceux qui se trouvent sur les lieux
» où l'opération doit se faire, ou qui en sont le moins
» éloignés.

« Les médecins et experts doivent être appelés *par un*
» *simple avertissement* sans citation dans tous les cas où leur
» ministère est requis, soit dans le cours de l'instruction,
» soit au moment de l'audience Lorsque c'est le Procureur
» du Roi qui les requiert pour procéder hors de sa présence,
» l'intérêt de la justice exige qu'il leur adresse, en même-
» temps que l'avertissement, des instructions suffisam-
» ment détaillées sur les points qu'ils ont à constater. Pour
» prévenir tout refus ou mauvais prétexte de la part des
» personnes qui seront ainsi appelées, chaque Cour, chaque
» Tribunal, peut faire choix à l'avance comme on vient
» de le dire pour les médecins, d'hommes expérimentés
» dans telle ou telle partie, et se les attacher de manière
» qu'on soit plus assuré de les trouver au besoin, ou qu'ils
» puissent se suppléer réciproquement ; et s'il y a lieu de
» leur accorder des taxes comme témoins, elles pourront
» être délivrées au bas de l'avertissement visé par l'officier
» du ministère public ».

crime très-difficile à constater et qui exige l'attention la plus rigoureuse. Les hommes de l'art ont à examiner si l'enfant est né à terme (1), s'il a vécu, de quel genre de mort il a péri. L'Officier de police doit aussi faire vérifier si la prévenue est accouchée, et si le temps de cet accouchement se rapporte à celui de la naissance et de la mort de l'enfant. Il doit rechercher si l'on a entendu les cris de l'enfant; il doit saisir, dans le domicile ou sur la personne de la prévenue, les linges, hardes et objets annonçant un accouchement récent, et s'informer auprès des parens, voisins, domestiques de la prévenue ou autres qui la connaissent, si sa grossesse a été apparente, ou si elle a été cachée ou niée par la prévenue. Il est nécessaire encore de vérifier si quelque parent de la prévenue ou toute autre personne ne l'aurait pas provoquée au crime, ou même ne l'aurait pas aidée et assistée (2).

EMPOISONNEMENT.

La recherche de l'empoisonnement veut aussi

______

(1) La viabilité de l'enfant est l'objet de l'examen des hommes de l'art; mais c'est à l'officier de police judiciaire à constater par lui-même *les faits qui peuvent avoir rapport à la viabilité*, par exemple, si on a entendu les cris de l'enfant dans la maison où il est né ou dans des lieux voisins.

(2) Lorsqu'un enfant nouveau-né est trouvé mort, on doit constater si le corps était enfoui ou caché, s'informer si quelque fille était connue pour être grosse, ou soupçonnée de l'être, si elle l'est encore, ou si elle est accouchée en secret. Il importe de la faire visiter en particulier par des femmes expérimentées; en cas d'accouchement avoué ou constaté, rechercher si elle s'est fait assister de quelqu'un, ou si la naissance a été subite.

une très-grande sagacité. Il faut que l'Officier de police s'attache à connaître par qui les poisons, les mets ou liqueurs empoisonnés ont pu être fournis (1), et par qui ces mets et liqueurs auraient été apprêtés ou présentés avec le poison à la personne empoisonnée; qu'il s'empare des matières vénéneuses, des mets et liqueurs infectés de poison ou soupçonnés de l'être, des vases non encore nettoyés qui les ont contenus, et des matières déjetées par la personne à qui le poison a été donné. S'il y a lieu de procéder à l'ouverture du cadavre, soit parce que je l'aurai prescrite, soit dans les cas très-rares où l'on aura été obligé de recourir à cette opération avant de m'en prévenir, on devra se saisir des matières solides et liquides renfermées dans l'estomac et les intestins; on s'emparera même de ces viscères et l'on renfermera le tout dans des vases exactement fermés et scellés du sceau de l'Officier de police judiciaire. Cet Officier ne doit pas souffrir que l'ouverture et l'examen du cadavre se fassent hors de sa présence; il ne doit pas non plus se dessaisir des poisons ni des mets, liqueurs, viscères et objets qui en sont atteints, même pour les confier aux médecins, chirurgiens, chimistes et pharmaciens requis pour en faire l'examen. Il faut que cet examen s'effectue devant lui et par des experts habiles et probes; qu'il ait soin de conserver, autant que possible, une partie des poisons et des matières qu'il s'agira d'analyser, afin que l'on puisse, au besoin, réitérer les expériences lors de l'instruction

----

(1) S'attacher aussi à connaître s'ils ont été vendus ou fournis dans le dessein de favoriser l'empoisonnement.

ultérieure ou du jugement ; qu'enfin il m'envoie promptement tous ces objets que la putréfaction pourrait altérer au point de rendre impossible un nouvel examen (1)

Vente des poisons en contravention.

Dans le cas où les poisons auraient été achetés, on doit vérifier si le vendeur est autorisé à en dé-

---

(1) En cas d'empoisonnement dans les hospices, et dans tous les cas de morts violentes, accidentelles, volontaires ou autres de nature à appeler les investigations de la justice, et particulièrement quand les blessures ou la maladie des individus décédés ont donné lieu à des procès-verbaux des officiers de police judiciaire, et à des instructions, les chirurgiens de ces établissemens ne doivent procéder à des autopsies que quand elles ont été régulièrement ordonnées, ou quand le ministère public a autorisé l'inhumation ou jugé une autopsie régulière inutile.

Les Commissaires de police doivent avoir le soin de recommander aux chefs des hospices de leur donner immédiatement avis des décès, et de leur faire passer sans délai, un certificat des médecins constatant le décès et ses causes *présumées* d'après la maladie et l'état extérieur du corps. Les Commissaires de police de Paris doivent, en pareil cas, prendre les instructions du Procureur du Roi, qui s'est réservé d'autoriser seul l'autopsie sur le vu de ces certificats, quand elle lui paraît nécessaire.

On sent facilement qu'il importe essentiellement que des autopsies, du résultat desquels on peut argumenter devant le Jury et devant les Tribunaux, et qui souvent servent de base à leurs décisions dans les affaires les plus importantes, soient toujours faites régulièrement, et en se conformant aux règles tracées par les lois sur l'instruction criminelle.

biter, ou s'il s'est conformé aux précautions prescrites par la loi pour le débit des matières vénéneuses, parce que, dans le cas de la négative, le
contrevenant est punissable correctionnellement.

SUICIDE.

Si une mort violente paraît avoir été l'effet d'un
suicide, il n'en faut pas moins recueillir avec soin
les circonstances qui ont précédé, accompagné ou
suivi cette mort. L'état du cadavre, la description
des instrumens qui ont procuré la mort, la déposition des témoins, toutes les preuves enfin doivent être consignées dans le procès-verbal comme
en cas d'homicide. Les hommes de l'art doivent décider, d'après le genre de la mort, la nature, le
nombre, la situation et la gravité des blessures, si
la personne décédée a pu se donner elle-même la
mort. L'Officier de police recueillera de son côté
tout ce qui peut éclairer la justice sur ce point. Si la
personne suicidée a laissé, comme cela arrive fréquemment, un écrit explicatif de sa mort, on aura
la plus grande attention, non-seulement de recueillir cet écrit, mais encore de rechercher et d'annexer
au procès-verbal d'autres pièces d'écriture de la main
du défunt, afin qu'elles servent de pièces de comparaison : on saisira de préférence les pièces authentiques; mais on ne négligera pas les écritures
privées. Si les pièces de comparaison sont des registres publics ou des minutes d'actes authentiques,
on doit se conformer pour le déplacement de ces
pièces, à ce qui en a été dit ci-dessus en parlant du
crime de faux. Si l'on ne trouve pas de pièces de
comparaison, ou si elles sont insuffisantes, il est

nécessaire d'entendre des témoins pour reconnaître l'écrit relatif à la mort. Toutes ces précautions sont indispensables afin de s'assûrer que cet écrit est de la main du défunt, et pour empêcher toute fraude qui tendrait à dissimuler un crime (1).

MORT PUREMENT ACCIDENTELLE OU SUBITE.

Dans le cas où l'on est appelé à constater une mort que l'on considère comme purement accidentelle ou subite, l'on doit, Messieurs, s'attacher toujours à décrire, avec la plus grande exactitude, l'état du cadavre ; se faire assister à cet effet par des gens de l'art ; recevoir leur rapport ; veiller à ce qu'ils examinent scrupuleusement si le cadavre ne présenterait pas quelques lésions extérieures ou autres signes de mort violente ; entendre les personnes qui

____

(1) Il importe de rechercher et constater si le décédé avait des motifs de se déterminer au suicide, ces motifs établissant le genre de mort en l'expliquant. En cas de suicide, plusieurs des Maires des communes rurales se bornent à déclarer qu'il résulte des enquêtes auxquelles il ont procédé, que la mort a été le résultat d'un suicide. Cet usage auquel le Procureur du Roi près le Tribunal de la Seine s'est toujours opposé, est vicieux. Toujours des procès-verbaux doivent être dressés constatant les renseignemens qui ont pû être recueillis sur les circonstances et les causes de la mort, et les déclarations de toutes les personnes qui peuvent déposer de faits de nature à établir et expliquer le genre de mort. Il est convenable, il est indispensable que les magistrats, qui prononcent sur le genre de mort, et déclarent s'il y a ou s'il n'y a pas lieu de diriger des poursuites, puissent apprécier par eux-mêmes tous les renseignemens qu'il a été possible de recueillir, et les déclarations des témoins.

déposeront des circonstances de la mort; en un mot, ne rien négliger pour qu'à la vue du procès-verbal, je puisse permettre l'inhumation, ou prescrire les opérations supplétives que je croirai nécessaires.

OBSERVATIONS COMMUNES AUX DIVERS GENRES DE MORT A CONSTATER.

Indépendamment des observations particulières que je viens de faire sur chaque espèce d'homicide ou de mort à constater, il en est d'autres qui leur sont communes.

§. 1. — *Reconnaissance du cadavre.*

Ainsi, quelle que soit la cause de la mort, pour assurer l'identité de la personne décédée, on doit faire reconnaître son cadavre par ses parens ou par les personnes qui l'ont connue (1).

§. 2. — *Cadavres inconnus.*

Lorsque la personne homicidée, empoisonnée, suicidée, morte accidentellement ou subitement, est inconnue, on doit décrire avec le plus minutieux détail sa taille, ses traits, la couleur de ses cheveux, les cicatrices et signes qui pourraient par la suite servir à la reconnaissance de cette personne (2). Ses vêtemens, les écrits imprimés ou non, même les écrits indifférens, tous les objets enfin trouvés sur le cadavre ou près de lui, doivent aussi être soigneusement désignés et conservés. Je n'ai

---

(1) Et par le prévenu.

(2) On fixe approximativement son âge.

pas besoin d'ajouter que pour parvenir à la reconnaissance de la personne du défunt, le cadavre, les vêtemens et les autres objets doivent rester, pendant un certain temps, exposés aux yeux du public dans les lieux destinés à cet effet (1).

§. 3. — *Renseignemens à recueillir pour l'acte de décès.*

Le procès-verbal de l'Officier public devant servir de fondement à l'acte de décès, on doit en toute espèce de mort, et, soit d'après les actes et pièces trouvés sur le défunt ou dans sa demeure, soit d'après la déclaration des plaignans ou dénonciateurs, la déposition des témoins et les interrogatoires du prévenu, recueillir et consigner tous les renseignemens nécessaires pour la rédaction de l'acte de décès. Ces renseignemens doivent être transmis *de suite* à l'Officier de l'état civil conformément à l'article 82 du Code civil.

§. 4. — *Scellés à apposer.*

Si les héritiers sont mineurs ou absens, et dans les autres cas où la loi prescrit d'apposer les scellés, l'Officier qui constate la mort doit prévenir du décès le Juge de paix ; si c'est le Juge de paix lui-même qui pracède, il appose de suite les scellés.

§. 5. — *Inhumations précipitées ou sans autorisation.*

Quand l'inhumation a eu lieu, il faut vérifier si

____

(1) Les cadavres inconnus trouvés dans le département de la Seine, sont portés et exposés à Paris dans l'établissement dit *la Morgue.*

elle a été faite après le délai fixé par la loi et avec l'autorisation de l'Officier public. Une inhumation précipitée fait naître des soupçons et est quelquefois un indice de mort violente. Le défaut d'autorisation est un délit correctionnel.

Le délai fixé pour l'inhumation ayant été établi pour prévenir les dangers qu'entraînerait la précipitation, l'Officier de police judiciaire contreviendrait lui-même à la loi, si, dans les cas où la mort n'est pas *de toute évidence*, il faisait procéder à l'ouverture du cadavre avant l'expiration de ce délai.

§. 6. — *Recélé de cadavre.*

Si le cadavre d'une personne homicidée a disparu ou est trouvé caché, il importe de rechercher par qui il a été enlevé ou caché, parce que le recélé du cadavre d'une personne homicidée ou morte des suites de coups et blessures, constitue un délit correctionnel et peut faire suspecter d'ailleurs une coopération à l'homicide ou aux blessures.

§. 7. — *Nécessité d'obtenir, pour l'inhumation l'autorisation du Procureur du Roi.*

Toutes les fois qu'il y a signes ou indices d'homicide, d'infanticide, d'empoisonnement, ou de toute mort violente, subite ou accidentelle, ou qu'enfin il se fait une levée, un examen ou une ouverture de cadavre, quelle que soit la cause de la mort, parut-elle naturelle, purement accidentelle, ou produite par un suicide, comme la police judiciaire est seule compétente pour prononcer sur toute mort suspecte ou extraordinaire, l'inhumation ne peut s'effectuer sans la permission que j'en donne sur le vû du procès-verbal qui doit m'être envoyé *immé-diatement* avec un extrait de cet acte, en marge duquel extrait j'inscris la permission.

Cependant, lorsqu'il y a urgence, MM. les Officiers de police judiciaire des communes rurales, après avoir constaté l'état du cadavre et les causes de la mort, peuvent permettre eux-mêmes l'inhumation, à la charge de m'en prévenir *sur-le-champ* en m'envoyant leurs procès-verbaux, *et de veiller à ce qu'il y ait toujours moyen de procéder à l'exhumation , si elle était jugée nécessaire.*

Je reviendrai plus bas sur le mode de la communication qui doit m'être donnée des procès-verbaux constatant la mort, et en général de tous ceux qui sont dressés dans les cas de crimes ou délits.

BLESSURES.

L'officier de police judiciaire doit procéder avec une grande exactitude à l'examen des blessures dont la loi punit les auteurs. Si le blessé est en danger imminent, il faut se hâter de l'entendre avec les précautions et les ménagemens que commande son état : si cette audition pouvait aggraver sa situation, il faudrait temporiser. On doit, comme en cas d'homicide, recueillir et constater les faits ou indices d'imprudence, négligence ou inobservation des réglemens de police, de volonté, de préméditation ou de guet-à-pens, de légitime défense ou d'excuse, de fabrication et débit d'armes prohibées. On doit faire expliquer les hommes de l'art sur l'espèce, la gravité, la durée et les conséquences des blessures. Toutes ces choses sont essentielles à constater, soit pour déterminer le caractère de l'infraction, soit pour appliquer la peine. En effet, si les blessures ont causé une maladie ou une incapacité de travail personnel pendant plus de vingt jours, elles constituent un crime : si elles approchent de ce caractère de gravité, le Tribunal correctionnel peut appliquer le *maximum* de la peine ; si elles sont légères il appliquera, selon les circonstances, une peine moins forte.

VIOL.

Dans la recherche du viol, et en constatant les traces de ce crime, on doit, autant que possible, éviter les termes obscènes : on ne doit les employer qu'autant qu'ils sont indispensables pour l'intelligence des faits. Ce n'est aussi que dans le cas d'une absolue nécessité qu'il faut faire visiter par des hommes de l'art les enfans qui auraient été victimes de cet attentat : on doit surtout interpeller ces enfans avec les plus grands ménagemens et en respectant leur pudeur.

INCENDIE.

Après les attentats contre les personnes, l'un des crimes qui intéressent le plus la sûreté publique, c'est l'incendie. En recueillant les circonstances matérielles du fait, et en recevant les déclarations des propriétaires, principaux locataires et locataires ou autres personnes habitant, même momentanément, la maison incendiée, et les maisons voisines, on doit constater à quelle heure, de quelle manière et dans quelle partie de la maison incendiée le feu s'est manifesté, il faut aussi rechercher s'il est l'effet, soit d'un pur accident, soit du défaut de construction, réparation, entretien et ramonage des cheminées, soit de l'imprudence commise en circulant, contre la défense des Ordonnances de police, sans lanterne, avec une simple chandelle ou lampe, avec du feu ou une pipe allumée, dans les écuries, greniers et autres lieux renfermant des matières combustibles; on vérifiera encore s'il n'y avait pas eu antérieurement des menaces écrites ou verbales d'incendie; enfin, on s'efforcera de savoir si une cause quelconque, telle, par exemple, que la vengeance, n'aurait pas déterminé au crime. Dans ce cas, il sera essentiel de recueillir les matières que l'on présumerait avoir servi à mettre le feu, de les représenter à ceux qui pourraient les reconnaître pour appartenir au prévenu ou avoir été en sa possession, et de vérifier dans son domicile s'il n'y en aurait pas de semblables.

Dans tous les cas, le procès-verbal qui constate l'incendie, doit m'être soumis comme celui d'homicide, ou de levée de cadavre, parce que tout incendie emporte la présomption d'une infraction, et que tout fait de cette nature doit être vérifié par la justice.

VOLS.

Les délits qui portent l'atteinte la plus fréquente à la propriété sont les vols.

Circonstances aggravantes.

Les vols s'aggravent par les circonstances de lieu; par celles de temps; par les circonstances matérielles ou autres qui les ont précédés, accompagnés ou suivis; par les circonstances cumulatives de la nature des objets volés et du lieu du vol ; enfin, par les circonstances de la qualité ou du nombre des coupables. Aucune de ces circonstances ne doit s'omettre, les unes changeant la nature du fait, et les autres influant sur le genre ou l'étendue de la peine, ainsi que sur la compétence des tribunaux chargés de l'appliquer (1).

§. 1. — *Circonstances de lieu.*

Il y a circonstance aggravante de lieu, lorsque les lieux où le vol a été commis, sont des archives, greffes ou dépôts publics ; des grands chemins ; des maisons habitées ou servant à habitation, comme bâtimens, logemens, loges, cabanes même mobiles, qui sans être actuellement habitées servent à l'habitation ; des dépendances d'une maison habitée ou servant à habitation, telles que les cours, basses-cours, granges, écuries, édifices qui y sont renfermés, quel qu'en soit l'usage, et quand même ils auraient une clôture particulière dans la clôture ou enceinte générale ; des parcs mobiles destinés à contenir du bétail et tenant aux cabanes mobiles des gardiens ; des parcs ou enclos, tels que tous parcs mobiles de moutons non tenant à la cabane du gardien, tout terrain non tenant à l'habitation, environnés de fossés, pieux, claies, planches, haies vives ou sèches, murs de quelque espèce de matériaux que ce soit, quelles que soient la hauteur, la profondeur, la vétusté, la dégradation de la clôture, quand même il n'y aurait pas de porte fermant à

____

(1) Il importe, pour ne rien omettre d'essentiel, d'avoir sous les yeux les dispositions de la loi.

clé ou autrement ; ou quand la porte serait à claire-voie et ouverte habituellement ; enfin , des auberges, hôtelleries , cafés et cabarets où le coupable aurait été reçu.

Sont assimilés aux vols commis dans les archives, greffes ou dépôts publics, les vols de pièces, procédures criminelles, ou autres papiers, registres, actes et effets remis à un dépositaire public en cette qualité.

§. 2. — *Circonstance de temps.*

La circonstance aggravante de temps, est la *nuit* c'est-à-dire le temps qui s'écoule depuis le coucher jusqu'au lever du soleil ; raison pour laquelle il faut préciser l'heure du vol.

§. 3. — *Circonstances matérielles ou autres qui ont précédé, accompagné ou suivi le vol.*

Les circonstances matérielles ou autres qui peuvent précéder, accompagner ou suivre les vols, sont les violences envers les personnes ; le port d'armes apparentes ou cachées ; l'usage ou la menace de faire usage de ces armes ; les fausses clés, l'effraction ; l'escalade ; l'enlèvement ou déplacement de bornes servant de séparation aux propriétés ; l'emploi du faux titre de fonctionnaire ou officier civil ou militaire ; l'emploi de l'uniforme ou du costume de ce fonctionnaire ou officier ; enfin, l'usage d'un faux ordre de l'autorité publique.

1°. *Violence.*

On ne doit pas omettre de constater les traces de blessures ou de contusions qu'auraient laissées les violences. Dans ce cas, des hommes de l'art doivent être appelés pour faire leur rapport avec le même détail que pour le délit de simples blessures.

2°. *Armes.*

On doit rechercher si les voleurs se sont servi ou ont menacé de se servir d'armes, ou s'ils étaient porteurs d'armes apparentes ou cachées.

La loi assimilant aux armes proprement dites, toutes machines, tous instrumens ou ustensiles tranchans, perçans ou contondans, même les couteaux et ciseaux de poche et cannes simples, quand il en a été fait usage pour tuer, blesser ou frapper, on ne doit pas manquer de constater l'usage que les voleurs auraient fait de ces machines ou instrumens.

3°. *Fausses Clés.*

Dans le cas d'usage de fausses clés, il faut constater que le voleur ne s'est pas introduit à l'aide d'effraction ou d'escalade, et surtout que la porte ou les meubles ouverts à l'aide de fausses clés, avaient été exactement fermés au pêne ou au double-tour de la serrure. Si la personne volée peut indiquer quelques circonstances ou indices qui ne permettent pas de douter qu'elle ait fermé sa porte ou ses meubles, il faut les exprimer et entendre les témoins qui pourraient en déposer.

La loi répute fausses clés, tous crochets, rossignols, passe-partouts, clés imitées, contre-faites ou altérées, qui n'ont pas été destinées par le propriétaire, locataire, aubergiste ou logeur, aux serrures, cadenas ou fermetures quelconques auxquels le coupable les a employés. On doit donc saisir sur la personne ou dans le domicile du prévenu toutes clés ou objets de cette espèce, les essayer aux serrures ouvertes avec des faussss clés et constater le résultat de cet essai.

Si les clés qui ont servi au vol n'ont pas été fabriquées ou altérées par l'auteur même du vol, la loi punissant la simple fabrication ou altération de clés, il faut rechercher celui qui s'en est rendu coupable, et vérifier surtout s'il les a fabriquées, altérées ou remises à l'auteur du vol, dans l'intention de faciliter ce crime. Dans ce dernier cas, la fabrication altération ou remise des clés, constituent un fait de complicité.

4°. *Effraction.*

Quand il s'agit d'effractions, c'est-à-dire, du forcement, de la rupture, de la dégradation, de la démolition ou de l'enlèvement de murs, toits, planches, portes, fenêtres, serrures, cadenas ou autres ustensiles ou instrumens servant à fermer ou à empêcher le passage, et de toute espèce de clôture quelle qu'elle soit, il faut vérifier si ces effractions ont été extérieures, c'est-à-dire, effectuées pour voler dans les maisons, cours, basses-cours; enclos ou dépendances, ou bien dans les appartemens ou logemens particuliers; ou si au contraire, elles n'ont été qu'intérieures, c'est-à-dire, pratiquées aux portes et clôtures du dedans, aux armoires et meubles fermés (1).

---

(1) Il importe de constater, d'écrire et mesurer avec soin les traces d'effraction et pesées restées sur les meubles, portes ou croisées, les outils ou instrumens qui ont servi à les commettre, pouvant être trouvés sur les inculpés ou à leur domicile, être à leur usage habituel, à raison de leur profession, ou avoir été vus en leur possession. Si on saisit des

Lorsque des caisses, boîtes, ballots et autres objets susceptibles de fermeture ou d'emballage ont été volés *dans une maison*, il faut constater que lors du vol, les caisses, boîtes et meubles étaient fermés, et que les ballots étaient sous toile ou sous corde. Comme on ne peut, sans briser la fermeture, prendre ce que contiennent ces objets, le simple enlèvement qui est fait des caisses, ballots, etc., établit une présomption légale d'effraction intérieure, comme si le brisement avait eu lieu dans l'intérieur même de la maison.

5°. *Bris de scellés assimilé à l'effraction.*

La circonstance du bris de scellés à l'aide duquel le vol aurait été commis doit être soigneusement recueillie, parce que la loi l'assimile à celle d'effraction. Il faut donc constater si les scellés brisés étaient apposés sur une porte ou clôture extérieure d'une maison, appartement ou logement, ou au contraire sur une porte ou clôture intérieure ou sur un meuble fermant (1).

---

instrumens paraissant avoir servi à commettre des effractions, on examine s'ils restent empreints de plâtre ou bois, ou de la couleur des portes ou meubles, si leur état indique qu'ils aient servi à tenter ou consommer des effractions. On les rapproche des empreintes restées sur les lieux, portes, croisées ou meubles. On a soin de les conserver comme pièces à conviction.

(1) A cette rédaction est substituée celle-ci qui paraît plus exacte. — « La circonstance du bris de scellés, à l'aide
» duquel le vol aurait été commis étant, par la loi, assi-
» milée à celle d'effraction, il faut constater si des objets
» ont été volés soit dans les lieux, soit dans les meubles où

Si c'est l'Officier de police judiciaire instrumentant, qui avait apposé les scellés brisés, il doit, s'il y a lieu, les réapposer immédiatement après son opération et à la conservation des droits de qui il appartiendra. Si les scellés avaient été apposés par un autre Officier ou Fonctionnaire public, il faut *sur-le-champ et sans désemparer* le prévenir du bris de scellés, afin que pour ce qui le concerne, il dresse procès-verbal, et réappose les scellés, s'il est nécessaire.

6°. *Escalade.*

Il faut se souvenir que la loi qualifie d'escalade non-seulement toute entrée dans les maisons, bâtimens, cours, basses-cours, édifices quelconques, jardins, parcs et enclos, exécutée par-dessus les murs, portes, toitures ou toutes autres clôtures, mais encore toute introduction du coupable par une ouverture souterraine, autre que celle établie pour servir d'entrée.

7°. *Observation commune à toutes les circonstances matérielles.*

On doit d'autant moins différer à constater les différentes circonstances ci-dessus spécifiées, que souvent les personnes volées négligent d'en conserver les traces, et que presque toujours, elles se hâtent, pour leur sûreté, soit de faire changer les gardes des serrures, ce qui rend impossible l'essai des clés, rossignols, etc., saisis chez le prévenu,

---

» étaient apposés les scellés brisés, ou si le bris de scellés
» a été effectué à une clôture extérieure ou à une clôture
» intérieure ».

soit de faire réparer les dégradations occasionnées par les effractions et escalades : le temps lui-même efface souvent en peu de momens les dégradations faites et les empreintes fugitives laissées par les coupables.

§. 4.— *Circonstance de la nature de l'objet volé et du lieu du vol.*

La circonstance cumulative résultant de la nature de l'objet volé et du lieu du vol, existe lorsque des soustractions de chevaux, bêtes de charge , de voiture ou de monture, gros et menus bestiaux, instrumens d'agriculture, récoltes et meules de grains faisant partie de récoltes, sont commises dans les champs; que des vols de bois ont été effectués dans les ventes; que des pierres ont été soustraites de carrières, et qu'il a été volé des poissons dans des étangs, viviers ou réservoirs.

1°. *Vols de chevaux, etc., dans les champs.*

En se servant des mots *chevaux* , etc., *champs* etc., la loi comprend dans cette espèce de vol , le vol même d'un seul cheval, etc., commis dans un seul champ , etc.

2°. *Vols de récoltes, etc., dans le même lieu.*

Par *récolte* , on entend toute production utile de la terre qui , séparée de sa racine par le fait du propriétaire ou de ses représentans, est laissée momentanément dans les champs en gerbes ou en meules, quelle que soit d'ailleurs la quantité de récolte volée.

La soustraction de grains et de fruits pendans par les racines est un simple maraudage que les lois punissent suivant la gravité des circonstances. On doit donc recueillir les preuves de ces circonstances, et, par exemple, constater si le maraudage a été effectué la nuit, par plusieurs personnes, avec voitures, animaux de charge, etc., etc. (1).

3°. *Vols de bois dans les ventes, et de pierres dans les carrières.*

Par *bois*, on entend le bois coupé et façonné dans une vente; par *pierres*, celles qui ont été détachées de la carrière et n'en sont point encore enlevées.

§. 5. — *Circonstance de la qualité des coupables.*

La qualité de percepteur, de commis à une perception, de comptable, dépositaire, fonctionnaire ou officier public, d'agent, commis ou préposé du Gouvernement ou des dépositaires publics, relativement aux soustractions d'objets, qui leur étaient confiés ou remis en dépôt en vertu ou à raison de leurs fonctions ou de leurs emplois; la qualité de domestique ou d'homme de service à gages, pour les vols commis au préjudice du maître, même pour ceux commis au préjudice des personnes que le domestique ou l'homme de service ne servait pas, mais qui se trouvaient dans la maison de son maître ou dans la maison desquelles le coupable accompaguait son maître; la qualité d'ouvrier, de compagnon ou d'apprenti, par rapport aux soustractions effectuées dans l'atelier, le magasin ou la maison du maître; celle d'individu travaillant *habituel-*

---

(1) Les lois sur les vols de récoltes et maraudages ont été modifiées par les art. 2 et 13 de la loi du 25 juin 1824.

lement dans l'habitation où il a volé ; enfin, la qualité d'aubergiste, d'hôtellier, de voiturier, de batelier ou de leurs préposés, à l'égard du vol des choses à eux confiées à ce titre, forment les circonstances aggravantes que l'Officier de police judiciaire ne néglige jamais de constater.

1°. *Observations sur les soustractions commises par les percepteurs, etc.*

Dans le cas de soustractions commises par un dépositaire ou comptable public, il faut constater quelle est la valeur des sommes, pièces, titres, actes ou effets soustraits, parce que d'après les articles 169, 170, 171 et 172 du Code pénal, cette valeur détermine le caractère du fait, ainsi que la compétence du juge, et sert à régler la quotité de l'amende.

2°. *Observations sur les vols des domestiques, hommes de service, etc.*

L'expérience apprend que très-souvent et surtout quand il s'agit de vols commis par des domestiques, hommes de service, ouvriers, etc., les parties lésées ou les témoins cherchent à épargner le coupable, en déguisant, dès l'origine, sa qualité, ou bien en retractant ou en atténuant par la suite ce qu'ils en ont dit d'abord, conformément à la vérité. L'on ne saurait, Messieurs, mettre trop de soin à rechercher si le prévenu avait l'une des qualités ci-dessus ; non-seulement l'on doit faire, dès le principe, expliquer cathégoriquement les dénonciateurs, plaignans et témoins sur cette circonstance importante ; mais encore rechercher ou se faire remettre les livrets dont le prévenu est tenu de se munir.

3°. *Objections sur les vols des domestiques de la capitale.*

S'agit-il d'un vol domestique *commis à Paris*, il faut rechercher si le prévenu s'est conformé au décret du 3 octobre 1810(1), qui prescrit aux domestiques de se faire inscrire à la Préfecture de Police, d'avoir un domicile déclaré et de présenter un répondant ; qui leur défend d'avoir, à l'insçu de leur maître et sans en prévenir le Commissaire de police, une chambre ou un logement en ville ; et qui enjoint aux propriétaires et aux principaux locataires de ne louer ou sous-louer aux domestiques, qu'en en faisant pareillement déclaration au Commissaire de police ; l'inobservation de ces formalités, qui sont établies pour prévenir les vols domestiques dans la capitale, entraîne diverses peines. Je vois *avec regret* que presque toujours, ou même toujours, on néglige de rechercher et de constater cette inobservation de ce réglement.

§. 6. — *Circonstance du nombre des coupables.*

Dans les vols présumés avoir été commis par deux ou plusieurs personnes, l'on doit pour reconnaître et constater cette circonstance, examiner si le vol a pu ou n'a pas pu être effectué par une seule personne, et rassembler tous les indices qu'offre le fait à cet égard.

§. 7. — *Complication de circonstances aggravantes.*

Très-souvent les circonstances aggravantes se

---

(1) Ce Décret est déclaré commun aux villes du royaume d'une population de 50,000 habitans et au-dessus (Décret du 25 septembre 1813).

compliquent ; par exemple, un vol domestique peut être commis en même temps avec violences, fausses clés, effraction ou escalade, etc. La peine du vol domestique change dans ce cas, il faut donc ne négliger aucune circonstance aggravante, dans quelque espèce de vol que ce soit.

LARCINS, FILOUTERIES, SIMPLES VOLS, ESCROQUERIES, ABUS DE CONFIANCE.

Indépendamment de ces principaux crimes, il est des infractions à la loi qui pour n'être que des délits correctionnels, ne réclament pas moins l'attention de la police judiciaire : ce sont les larcins, filouteries ou simples vols, les escroqueries et les abus de confiance, délits très-fréquents à Paris.

Observations sur l'escroquerie.

Il est à observer relativement à l'escroquerie, que toute manœuvre frauduleuse ne la caractérise pas. Pour qu'une manœuvre soit constitutive de ce délit, il faut qu'on ait *verbalement* fait usage de faux nom ou de fausse qualité ; ou que les manœuvres aient eu pour objet de persuader l'existence de fausses entreprises, d'un pouvoir ou d'un crédit imaginaire, ou de faire naître l'espérance ou la crainte d'un succès, d'un accident ou de tout événement chimérique ; il faut encore que le faux nom, la fausse qualité, les manœuvres aient déterminé l'escroquerie. Il est donc très-essentiel de bien préciser le fait et les manœuvres caractéristiques de ce délit.

Lorsque le faux nom a été pris *par écrit et signé*, ce nom fut-il celui d'un être purement imaginaire,

le fait constitue le crime de faux, et doit être constaté comme tel (1).

---

(1) Le Tribunal de la Seine est dans l'usage de punir
comme escroquerie la tenue des jeux dont toutes les chances
sont contre les joueurs à raison de leurs combinaisons ou
des fraudes et escamotages employés par ceux qui les
tiennent.

Il est utile de donner ici la nomenclature des jeux de hasard
tenus sur la voie publique.

L'As de cœur.

Ce jeu se fait avec trois cartes. On en tient deux dans la
main droite (l'As de cœur se trouvant placé en dessous),
et la troisième est dans la main gauche. On fait passer successivement ces cartes d'une main dans l'autre, et toujours
en ayant soin de faire voir l'As de cœur. Lorsque le banquier
s'aperçoit qu'une personne se présente pour faire son enjeu,
il substitue adroitement à l'As de cœur la carte qui se trouvait
en dessus, et le joueur se trouve victime de cet escamotage
frauduleux.

Les trois Cartes.

Un individu tire d'un jeu de cartes qu'il tient à la main,
trois cartes dont il fait voir la première, et qu'il pose séparément, la couleur en dessous, et après avoir subtilement
changé l'ordre dans lequel elles se trouvaient, sur un cha-
peau, sur une table ou sur un tapis. Il propose alors aux
personnes qui l'entourent de parier qu'elles ne retrouveront
pas la carte qu'il leur a montrée. Lorsque les enjeux sont
formés, il entremêle lentement les cartes de manière à ce
que leurs mouvemens puissent être facilement suivis des
yeux par les parieurs qui ne manquent jamais de désigner
la carte frauduleusement substituée à celle qui leur avait été
montrée.

Une autre manœuvre frauduleuse consiste à substituer à

TENTATIVE DE CRIMES OU DE CERTAINS DÉLITS.

La tentative des crimes et celle de certains délits étant punie comme le crime ou le délit même, il im-

---

un sept qu'on a fait voir aux assistans , le *huit* de la même couleur qu'on montre également aux joueurs , mais de manière que l'un des points se trouve masqué, afin de laisser croire que c'est réellement le sept sur lequel les paris s'étaient établis.

La Jarretière.

Ce jeu s'exécute avec une jarretière dont les deux bouts sont noués ensemble , laquelle est repliée plusieurs fois sur elle-même à peu près dans la forme semi-circulaire et présente dans cette situation deux anneaux ou ouvertures. Le joueur choisit l'une des ouvertures dans laquelle il place le doigt qui doit fixer la jarretière , lorsque le banquier vient à la tirer. Mais la disposition de cette jarretière et surtout l'adresse de celui qui la dirige, rendent impossible aucune chance de succès en faveur du joueur.

La Roulette.

Ce jeu offre à-peu-près les mêmes combinaisons que la Roulette employée dans les maisons à partie.

Le cylindre présente sept chances , savoir : l'*Ancre* le *Pique*, le *Trèfle*, lesquels forment la couleur noire, le *Carreau*, le *Cœur*, et l'*Étoile* qui forment la couleur rouge ; enfin le *Zéro blanc* qui , lorsqu'il sort , fait perdre toutes les couleurs , ce qui établit une chance de plus en faveur du banquier. L'avantage de celui-ci est encore plus grand lorsqu'au lieu de jouer la couleur on joue pour une figure déterminée : car en cas de succès le joueur ne reçoit que quatre fois la mise , tandis qu'il a six chances contre lui.

Le Quadrille.

Ce jeu est une espèce de roulette représentant 1°. 16

porte de la constater avec le même soin que le crime ou délit consommé. Pour cet effet, on doit recueillir

---

figures composées de *4 As*, *4 Rois*, *4 Dames*, *4 Valets*, lesquels sont partagés en deux couleurs : la *rouge* et la *noire*; 2°. deux zéros, l'un blanc, l'autre bleu qui sont pour le teneur de quadrille.

Les chances sont à-peu-près en même proportion qu'à la roulette, avec cette différence cependant que dans l'exécution du quadrille il y a une combinaison frauduleuse en ce sens que les deux pointes en fer entre lesquelles la baleine du cylindre vient se fixer au terme de sa rotation, se trouvent plus écartées sur les deux zéros, que sur les deux autres divisions du cercle.

Des Trois Coquilles.

Ce jeu se fait avec trois coquilles de noix ou trois dés à coudre. Le banquier déplace successivement ces trois coquilles en ayant soin de laisser voir sous l'une d'elles une petite boule de liège ou de mie de pain. Il la fait passer d'une coquille sous l'autre, à la vue des spectateurs, et lorsque les enjeux se forment, il l'escamote et la fait passer sous une coquille autre que celle qui avait fixé les regards des assistans.

Le Passe-dix.

Ce jeu se compose de trois dés à jouer que roulent alternativement les joueurs qui forment la partie ou la *poule*.

La fraude dans ce jeu consiste en ce que les compères sont toujours munis de dés semblables à ceux de la partie, mais avec cette différence que leurs dés sont plombés de manière à amener un nombre fixé pour la passe ou pour la manque, et lorsqu'ils sont sur le point de jouer, ils substituent leurs dés plombés aux dés ordinaires.

Les fraudeurs emploient aussi quelquefois de faux dés qui sur toutes les faces ne produisent que des as, des deux

tous les indices, desquels il résulte que la tentative a été manifestée par des actes extérieurs et suivie

---

et des trois pour la manque, et d'autres dés qui ne produisent que des quatre, des cinq et des six pour la passe.

La Blanque.

C'est une petite table ronde dont le dessus de forme plate est entièrement garni de trous, les uns représentent des numéros, et les autres des couleurs. Une boule lancée par le joueur va se fixer sur un des numéros, et c'est le plus haut numéro qui gagne la partie.

La Loterie.

Ce jeu se compose de 90 petits morceaux de papier roulés, sur lesquels sont tracés les numéros depuis 1 jusqu'à 90, et qui sont placés dans une boîte découverte. Plusieurs cartons représentant les mêmes numéros sont distribués aux joueurs. Trente ou quarante des numéros roulés sont de dimensions plus fortes que les autres, et les cartons représentant ces mêmes numéros sont toujours à la disposition des compères qui les reconnaissent à une marque distinctive.

Loterie des 90 numéros avec boules dans un sac.

Il ne paraît pas y avoir de combinaison frauduleuse dans ce jeu. Le teneur a seulement l'avantage de retirer à-peu-près le double de la valeur des objets mis en loterie, tels que tableaux, pâtisseries, etc.

Jeu dit *la Parfaite Égalité*.

Ce jeu se compose d'un carton représentant les numéros 1, 2, 3, 4, 5, 6. Le teneur est muni d'un cornet contenant trois dés à jouer, lesquels jetés sur le carton offrent le partage égal de trois chances pour les joueurs et trois pour le banquier, ce qui a fait donner à ce jeu la dénomination de parfaite égalité.

La fraude ne commence que lorsque les joueurs placent de

d'un commencement d'exécution, et qu'elle n'a été suspendue ou n'a manqué son effet que par des circonstances fortuites ou indépendantes de la volonté de l'auteur. La loi détermine expressément ceux des délits correctionnels auxquels la peine de la tentative est applicable (1). Les tentatives des autres délits ne constituant aucune infraction à la loi, il est inutile d'en faire l'objet d'une recherche (2).

COMPLICITÉ DES CRIMES ET DÉLITS.

Ce n'est pas assez, Messieurs, d'atteindre l'auteur d'un crime ou d'un délit, il faut encore atteindre ses complices.

Voici les principaux faits de complicité qu'il importe de rechercher.

§. 1er. — *Provocation au crime ou délit.*

Provoquer à un crime ou à un délit, par dons, promesses, menaces, abus d'autorité ou de pouvoir, machinations ou artifices coupables, et donner des instructions pour le commettre ;

§. 2. — *Facilité donnée pour le commettre.*

Procurer avec connaissance, les armes, instrumens ou tous autres moyens qui ont servi à l'action ;

---

forts enjeux sur des chances qu'ils ont suivies avec persévérance ; alors le teneur ou l'un des compères substitue à l'un des trois dés ordinaires que contient le cornet, un autre de même forme, mais dont les faces ne produisent que des numéros opposés à ceux suivis par les joueurs.

(1) Code pénal, art. 2, 179, 401, 405, 414 et 415.
(2) En cas d'infraction et de tentative d'infraction.

§. 3. — *Assistance dans le crime ou délit.*

Aider et assister sciemment l'auteur du crime ou du délit dans les faits qui l'ont préparé ou consommé ;

§. 4. — *Logement, retraite, lieu de réunion fournis aux malfaiteurs.*

Fournir *habituellement* un logement ou bien un lieu de retraite ou de réunion aux malfaiteurs dont on connaît les brigandages et les attentats contre la sûreté de l'Etat, la paix publique, les personnes ou les propriétés ;

§. 5. — *Recelé et achat des objets volés.*

Acheter ou receler sciemment des choses enlevées, détournées ou obtenues à l'aide d'un crime ou d'un délit ;

Les receler avec la connaissance des circonstances d'enlèvement et de vol auxquelles la loi attache la peine de mort, des travaux forcés à perpétuité ou de la déportation.

Telles sont les principales complicités prévues par la loi.

Pour acquérir et constater la preuve de tous ces faits, il faut recueillir les indices résultant de la nature et des circonstances du crime ou délit, de l'intérêt qui a pu en déterminer la tentative ou la consommation, des pièces à conviction, de la disparution de la totalité ou de partie des choses volées, de la plainte, de la dénonciation, des déclarations des témoins, des réponses ou aveux de l'auteur du fait, des papiers ou objets trouvés dans son domicile ou sur sa personne, etc.

On doit du reste procéder contre les complices avec autant de célérité, de détail et de précautions, que contre les auteurs du crime ou délit.

Il est une observation fort essentielle à faire, c'est que quand la qualité de coupable se lie au fait même, qu'elle l'aggrave et en change le caractère, cette qualité n'exista-t-elle que dans le complice, communique presque toujours au fait principal le même caractère de criminalité qu'au fait de complicité; ainsi, par exemple, lorsqu'un domestique aide à commettre un vol chez son maître, le vol a le caractère de vol domestique complice, à l'égard des auteurs comme à l'égard des domestiques. On doit donc être fort attentif à vérifier si des individus de cette qualité ont coopéré au fait par complicité.

§. 6. — *Contraventions des brocanteurs.*

Je ne terminerai pas ces observations sur la complicité sans parler des revendeurs, brocanteurs, férailleurs et autres marchands et artisans auxquels il est prescrit d'avoir des registres de leurs achats et ventes; auxquels il est défendu de rien acheter à des fils de famille, domestiques, gens inconnus et suspects. La plupart de ces marchands achètent avec une légèreté ou souvent une cupidité qui facilite le vol, et qui approche de la mauvaise foi constitutive du recélé; les contraventions par eux commises doivent, par cette raison, être sévèrement recherchées et punies. Ils doivent être surtout tenus de faire viser exactement leurs registres. Leurs devoirs sont tracés par l'Ordonnance de police du 8 novembre 1780 (1): ceux

______

(1) Cette ordonnance est spéciale pour Paris.

des orfèvres et marchands d'objets d'or et d'argent sont déterminés par la loi du 19 brumaire an VI.

RESPONSABILITÉ CIVILE.

§. 1er. — *Cas de cette responsabilité.*

Il ne faut pas non plus, Messieurs, négliger les faits ou circonstances qui rendent certaines personnes responsables de l'infraction. Ces personnes sont principalement les pères, mères, tuteurs, à l'égard des enfans, les maîtres à l'égard de leurs domestiques. En vérifiant au surplus les cas de responsabilité civile prévus par l'art. 74 du Code pénal et les art. 1382 et suivans du Code civil, relatifs aux délits et quasi-délits, il est facile de juger quels sont ceux de ces faits, ou celles de ces circonstances, qui sont à constater (1).

§. 2. — *Responsabilité spéciale des aubergistes.*

Il est un fait de responsabilité civile qui doit éveiller l'attention de la Police judiciaire, et que le Code pénal a spécialement prévu : c'est celui de l'aubergiste ou hôtellier qui a logé plus de vingt-quatre heures, sans l'inscrire sur son registre de police, un individu qui pendant le temps de son séjour dans l'auberge ou hôtellerie, a commis un crime ou un délit.

§. 3 — *Registres de police des aubergistes.*

Dans tous les cas où existe le défaut d'inscription dont je viens de parler, il faut en dresser pro-

---

(1) Quelques autres lois ont encore établi pour certaines infractions une responsabilité spéciale.

rès-verbal, même quand la personne non inscrite n'aurait commis aucun crime ou délit. Cette infraction, quoique qualifiée de simple contravention de police, intéresse la sûreté publique, elle a le caractère d'un délit, lorsque l'hôtellier ou celui qui loge en garni, n'a pas été autorisé par la police à loger ou à louer en garni : ce défaut d'autorisation intéressant essentiellement l'ordre public, doit être sévèrement puni. L'infraction a encore à la fois le caractère d'un délit, lorsque la personne logée par un hôtellier, aubergiste ou logeur en garni de Paris, est étrangère à la capitale et n'a pas été déclarée conformément à la loi du 27 ventôse an IV ; les obligations imposées par cette loi sont communes à tous les habitans de Paris (1).

INFLUENCE DE L'AGE DES CONDAMNÉS SUR LE FAIT OU SUR LA PEINE.

Que le prévenu soit auteur ou complice d'un crime ou délit, son âge est souvent encore une chose fort importante à vérifier, parce que l'âge, dans certains cas influe sur la moralité de l'action ou sur l'application de la peine.

§. 1er. — *Age de 16 ans ou au-dessous.*

Par la seule force de la loi, le prévenu âgé de plus de 16 ans, est présumé avoir tout le discernement qui fait apprécier la gravité d'un crime ou d'un délit. Au contraire, cette présomption n'existant et ne

______

(1) Un Arrêt de la Cour royale de Paris, du 26 janvier 1827, a décidé que la loi du 27 ventôse an IV, n'est plus en vigueur (*Gazette des Tribunaux* du 28 janvier 1827).

pouvant exister à l'égard du prévenu de seize ans
ou de moins de seize ans, dont la raison peut n'être
pas entièrement développée, l'officier de police judiciaire doit rassembler tous les faits ou indices qui
peuvent donner une idée précise du degré de discernement de ce prévenu. Si d'après l'instruction et les
débats, le prévenu est jugé avoir agi sans discernement, il est acquitté : dans le cas contraire, la peine
à appliquer est moins forte que celle encourue par
l'individu au-dessus de seize ans (1).

§. 2. — *Âge de 70 ans.*

Quand le prévenu a soixante-dix ans accomplis au
jour de son jugement, la loi, par égard pour sa
vieillesse, commue en réclusion les peines de la déportation, des travaux forcés à perpétuité et des
travaux forcés à temps : ces deux dernières peines,
éprouvent la même commutation lorsque le condamné, en les subissant, atteint soixante-dix ans.

§. 3. — *Précaution nécessaire pour constater l'âge du prévenu (2).*

Dans tous les cas où l'âge est à vérifier, l'Officier

---

(1) « Les individus âgés de moins de 16 ans, *qui n'auront pas*
» *de complices*, et qui seront prévenus de crimes autres que
» ceux auxquels la loi attache la peine de mort, celle des tra-
» vaux forcés à perpétuité, ou celle de la déportation, seront
» jugés par les Tribunaux correctionnels, qui se confor-
» meront aux art. 66, 67 et 68 du Code pénal » (Art. 1er.
de la loi du 25 juin 1824, contenant diverses modifica-
tions au Code pénal).

(2) Ce troisième §. fesait partie du §. précédent ; on a
cru devoir en faire un article à part.

de police judiciaire ne doit pas se laisser induire en erreur par le prévenu , par ses parens ou autres. Le moyen de se garantir d'une surprise est de se faire représenter et d'annexer à la procédure l'extrait de naissance , ou, en cas d'impossibilité , d'interroger le prévenu sur le lieu et le temps précis où il est né, afin de faciliter la recherche de l'acte de naissance. On doit aussi prendre sur ces mêmes points des renseignemens auprès des personnes qui pourraient en fournir.

CIRCONSTANCES EXTRINSÈQUES AUX CRIMES OU AUX DÉLITS.

Les circonstances dont j'ai parlé sont intrinsèques aux crimes et délits. Il en est d'autres qui sont extrinsèques à ces infractions et qui changent soit la nature de la peine, soit la compétence du juge.

§. 1er. — *Récidive.*

L'une de ces circonstances extrinsèques , est la récidive. Elle a lieu quand le prévenu a déjà été condamné en quelque temps , par quelque tribunal ou pour quelque crime ou délit que ce soit , à des peines afflictives ou infamantes , ou à un emprisonnement de plus d'une année.

En cas de condamnation pour crime , la peine du second crime devant éprouver une augmentation progressive , calculée d'après la gravité de la première condamnation , l'on doit s'attacher à rechercher quelle a été la nature de cette première condamnation.

Les individus repris de justice changent presque toujours de nom ; il faut tâcher de déjouer cette ruse, en pressant le prévenu de s'expliquer sur le lieu de sa naissance, sur sa famille, sur les personnes qui l'ont connu ou employé ; en le sommant de représenter son livret, dans le cas où il est tenu d'en avoir un ; on doit même entendre, s'il en est besoin, les personnes qu'il a indiquées, et les lui confronter, ainsi que celles qui auraient connaissance de la première condamnation portée contre lui.

Il est également très-important de s'assurer de son véritable domicile, et de me transmettre avec les procès-verbaux toutes les pièces et tous les documens qui peuvent le faire connaître.

§. 2. — *Vagabondage.*

Le vagabondage est une autre circonstance qui, en matière de crime, change la compétence et aggrave quelque fois la peine.

Celui qui est sans aveu, c'est-à-dire, sans domicile certain, sans moyen de subsistance et sans profession habituelle, est un vagabond.

Le vagabondage est d'autant plus essentiel à constater, qu'il forme, indépendamment de toute autre infraction, un délit correctionnel.

Les vagabonds doivent être interrogés avec détail sur les domiciles, professions et moyens de subsistance qu'ils allégueraient, et il faut sur-le-champ entendre les personnes dont ils invoqueraient les témoignages sur ces divers points (1).

______

(1) A propos des vagabonds, il est utile d'appeler l'attention des officiers de police judiciaire sur les individus qui feignent d'exercer le métier de colporteur, afin de donner

Un arrêté du Gouvernement, du 9 frimaire an XII, porte que tout ouvrier travaillant en qualité de compagnon ou garçon, qui voyagerait sans un li-

---

le change à l'autorité administrative et judiciaire, et qui doivent être poursuivis comme vagabonds, lorsqu'ils n'ont ni domicile certain, ni moyens de subsistance réel.

Ils sont l'objet d'une Circulaire du ministre de la justice, du mois de juin 1822, dont voici les principaux passages.

« Il est incontestable que ces hommes (les marchands
» colporteurs) n'ayant pas de domicile fixe, ne présentent
» pas les mêmes garanties que les autres citoyens. Des mal-
» faiteurs de plus d'une espèce, des ennemis de la paix pu-
» blique, des déserteurs et des vagabonds, peuvent feindre
» d'exercer ce métier pour échapper aux recherches dont
» ils sont l'objet.

« C'est particulièrement sur les hommes pour lesquels
» ce commerce n'est qu'un déguisement, que je désire ap-
» peler toute votre sollicitude ».

» Parmi les prétendus colporteurs dont l'Administration
» et la justice ont examiné la conduite, il s'en est trouvé
» un certain nombre qui n'avaient de marchandises que
» pour une valeur dont la modicité était dérisoire ; en sorte
» qu'il était de toute évidence qu'une industrie de cette na-
» ture, exercée avec un aussi mince capital, ne pouvait
» leur fournir de moyens de subsistance ; et que par con-
» séquent ils l'avaient adoptée uniquement afin de donner
» le change à l'autorité administrative et judiciaire ».

(Ici se trouve cité l'art. 270 du Code pénal sur le va-gabondage).

« En général, les colporteurs n'ont pas de domicile certain.

« Ceux qui se livrent à ce commerce d'une manière réelle
» et effective, ont des moyens de subsistance, un métier
» et une profession : ils ne sont donc pas vagabonds : leur
» existence ne présente que l'une des circonstances consti-

vret sur lequel son dernier congé ne serait pas visé par le Maire ou l'Adjoint du maire, sera réputé vagabond, et qu'il pourra être arrêté et puni comme tel. En conséquence, quand un individu arrêté se qualifie de compagnon ou garçon ouvrier, on doit exiger de lui la représentation de son livret, et annexer cette pièce à la procédure (1).

§. 3. — *Qualité de militaire dans le prévenu.*

Une troisième circonstance qui, dans certains

» tutives du vagabondage. La justice bien loin de chercher
» à les inquiéter, doit les protéger quand leur conduite,
» sous tous les rapports, est irréprochable.

« Mais ceux dont le prétendu commerce n'est qu'une apparence mensongère, se trouvent exactement dans le cas
» prévu par l'art. 279 du Code pénal; car il est évident
» qu'ils n'ont ni domicile ni moyen de subsistance, et que
» la justice ne peut reconnaître comme métier ou profession
» l'imitation grossière d'une industrie à laquelle ils ne se livrent pas véritablement.

« Pendant l'instruction, il (le ministère public, en cas
» d'arrestation ou de poursuite) doit prendre les informations les plus exactes et les plus scrupuleuses, afin de connaître leur conduite et de savoir s'ils ne sont pas poursuivis ou condamnés pour quelqu'autre fait ».

(1) Si un individu arrêté comme prévenu de vagabondage, articule qu'il est domicilié dans une commune qu'il désigne, il est inutile de le faire conduire par la gendarmerie devant le Maire de cette commune, comme on le fait quelquefois. Il suffit d'écrire aux autorités locales pour vérifier cette assertion, sauf à statuer ultérieurement ce que de droit, sur le vû des renseignemens qui seront fournis. En procédant autrement, on multiplie sans utilité les marches de la

crimes, change la compétence, est celle qui résulte de ce que le prévenu étant un militaire en activité de service, il a commis *des vols ou des actes de violences qualifiés crimes*, toutes les fois que ces actes de violences ne sont pas des infractions aux lois sur la subordination et la discipline militaire.

Il en est de même lorsque les *vols ou les actes de violences qualifiés crimes*, ont été commis, soit par des militaires jouissant d'un traitement de non activité, autre que la solde de retraite, licenciés ou congédiés dans l'année qui a précédé le crime, soit par des individus qui sont à la suite des armées ou des administrations militaires (1).

La qualité de militaire doit être constatée, même quand les infractions imputées au prévenu seraient des crimes autres que ceux ci-dessus spécifiés ou ne constitueraient que de simples délits correctionnels, parce qu'elle peut, dans certains cas, déterminer la compétence des tribunaux militaires (2).

---

gendarmerie, et on retarde les poursuites. Il est clair, quant à la compétence, que tout délit de vagabondage se commet dans l'arrondissement où le vagabond est arrêté ; ainsi, sous ce rapport encore, nulle nécessité de le renvoyer ailleurs pour être jugé. Le seul cas où il convient d'ordonner le transfèrement, est celui où le Tribunal reconnaissant, où que la prévention de vagabondage n'est pas suffisamment acquise, croit à propos d'assurer par la gendarmerie le retour de l'inculpé dans ses foyers (Extrait d'une Circulaire de M. le Procureur général à la Cour royale de Paris, du 13 novembre 1821).

(1) Ce qui est dit jusqu'ici dans ce 3e. §. est aujourd'hui sans application, à cause de la suppression des Cours prévôtales.

(2) Lorsqu'un militaire en activité de service commet

, Pour fixer invariablement la preuve de la qualité de militaire qu'aurait le prévenu, il convient de l'interroger sur cette qualité, de rechercher et de saisir les commissions, congés, ordres de licenciement, feuilles de route, ou autres papiers de même espèce qui seraient trouvés sur sa personne ou dans son domicile (1).

FORMES EXTÉRIEURES DES ACTES DE PROCÉDURE.

Envain, Messieurs, vous auriez mis tout votre zèle à rassembler les preuves d'un crime ou d'un délit, vos soins seraient perdus si vous n'aviez pas procédé avec la régularité prescrite par la loi.

Pour éviter l'anéantissement de vos actes, les formalités suivantes sont à observer.

§. 1. — *Plaintes et dénonciations.*

La plainte et la dénonciation peuvent être rédigées soit par le plaignant, le dénonciateur ou leur fondé de pouvoir spécial, soit par vous. Elles sont revêtues, à chaque feuillet, de la signature du plai-

---

un crime ou délit dans le lieu de sa garnison, ou marchant avec son corps, il est justiciable des tribunaux ordinaires, s'il a des complices non militaires.

La compétence des Conseils de guerre est aujourd'hui réglée par les lois des 3 pluviôse an II et 13 brumaire an V, et par un Avis du Conseil-d'État du 7 fructidor an XII (27 octobre 1804).

(1) Le §. 3ᵉ. qui précède était suivi d'un article qui a pour titre : *Observations sur quelques cas prévôtaux.* Cet article a dû être retranché à cause de la suppression des Cours prévôtales.

gnant, du dénonciateur ou de leur fondé de pouvoir, et de la vôtre. S'ils ne savent, ne veulent, ou ne peuvent signer, il en est fait mention. La procuration qui doit toujours être notariée, demeure annexée à la dénonciation ou à la plainte.

Si le plaignant veut se constituer partie civile, il doit le déclarer formellement. Il convient même, dans le plus grand nombre des cas, de lui faire, à cet égard, une interpellation qui tend à décharger le trésor royal des frais de la procédure.

§. 2. — *Procès-verbal constatant le délit.*

Le procès-verbal qui constate le délit est dressé non-seulement en présence soit du Commissaire de police, soit du Maire ou de l'Adjoint, soit de deux domiciliés de la commune, à moins qu'il soit impossible d'en trouver, ce qu'il faut exprimer, mais encore en présence du prévenu s'il est connu et arrêté, ou en cas d'impossibilité ou de refus de sa part, en présence du fondé de pouvoir qu'il aurait nommé. Il est signé à chaque feuillet par l'Officier public ou les domiciliés requis d'y assister, par les parties, par les personnes qui y ont été présentes, et par vous ; mention y est faite du refus ou de l'impossibilité de signer. Tous les renvois doivent être signés : les ratures doivent être comptées et approuvées par des signatures spéciales : rien ne peut être écrit par surcharge, hors ligne ou en interligne.

§. 3. — *Dépositions de témoins et interrogatoires.*

Il en est de même des déclarations de témoins et des interrogatoires du prévenu, qui doivent être signés à chaque feuillet, et dans lesquels les ratures et renvois doivent être approuvés par des signatures spéciales.

Les témoins sont entendus successivement et séparément les uns des autres. Ils déclinent préalablement leurs noms, prénoms, âge, état, profession et demeure ; ils déclarent s'ils sont domestiques, parens ou alliés des parties et à quel degré.

Lecture est faite aux témoins de leurs dépositions, et au prévenu de ses réponses, avant de recevoir leurs signatures.

§. 4. — *Pièces de conviction.*

Pour assurer l'identité des pièces de conviction, ces pièces ainsi que les papiers et objets saisis sont représentés au prévenu ou à son fondé de pouvoir, si l'un ou l'autre est présent aux opérations et perquisitions. Ils doivent être interpellés de les reconnaître et de les parapher. En cas de refus de le faire, il en est fait mention.

Les pièces de conviction sont closes et cachetées. Si cela est impossible et qu'elles ne soient pas susceptibles de recevoir des caractères d'écritures, il faut les renfermer dans un sac ou vase sur lequel vous attachez une bande de papier que le prévenu ou son fondé de pouvoir est interpellé de signer et parapher, et que vous signez et paraphez vous-même, après l'avoir scellée de votre sceau. Mention est faite au procès-verbal du refus de signer et parapher. Vous devez faire mention exacte de l'observation de ces formalités prescrites par la loi.

§.5.— *Pièces arguées de faux et pièces de comparaison.*

En cas de faux, la pièce arguée de faux et celles

de comparaison sont représentées au dénonciateur ou plaignant, au prévenu, aux témoins et experts qui s'en expliquent, et elles sont signées et paraphées à toutes les pages par ces diverses personnes et par vous.

§. 6. — *Rapports d'experts.*

Les médecins, chirurgiens, officiers de santé, experts, interprètes, prêtent le serment de faire leur rapport et de donner leur avis en leur honneur et conscience. Leur rapport doit être, autant que possible, inséré dans le procès-verbal ; il est signé d'eux et de vous, après lecture préalable, ce dont il doit être fait mention.

§. 7. — *Nécessité de rédiger les déclarations des témoins, etc., séparément du procès-verbal de délit.*

La loi défendant de remettre aux jurés les déclarations des témoins, et les jurés ne devant prononcer que sur des débats oraux et sur les procès-verbaux qui constatent le délit, il convient de ne pas confondre dans les procès-verbaux les plaintes, dénonciations, dépositions de témoins et interrogatoires, et de dresser un procès-verbal séparé de chacune de ces espèces d'actes.

§. 8. — Visa *pour timbre et enregistrement en* debet *en matière correctionnelle.*

Rigoureusement, les procès-verbaux et actes relatifs aux délits correctionnels doivent être visés pour timbre et enregistrés en *debet :* mais lorsque l'envoi en est urgent, ou qu'il y a, pour la vindicte publique, des inconvéniens graves à divulguer le secret de la procédure, ces procès-verbaux et actes sont dispensés de la formalité du *visa* et de l'enregistrement. C'est à votre prudence à en décider, en conciliant l'intérêt du trésor public, et celui de la justice.

MISE EN FOURRIÈRE.

En matière de police, comme en matière correctionnelle ou criminelle, les bestiaux, animaux, voitures, instrumens et objets semblables doivent, en cas de saisie ou séquestre, être conduits à la fourrière publique.

Celle de Paris est établie rue Guénégaud, n. 31, par ordonnance de police du 13 mars 1813.

Les Maires, aux termes de l'art. 12 du titre II de la loi du 6 octobre 1791, relative à la police rurale, doivent désigner le lieu de la fourrière de leur commune.

Les gardes forestiers doivent, d'après l'art. 9 du titre IV de la loi du 15 septembre 1791, relative à l'administration forestière, effectuer le séquestre dans la fourrière du chef-lieu de canton, et après l'affirmation de leur procès-verbal, laisser une copie de cet acte au greffier de la justice de paix pour être communiqué à ceux contre qui le séquestre a été fait (1).

____

(1) Le Code forestier contient, à ce sujet, (art. 167), les dispositions suivantes :

« Dans le cas où le procès-verbal portera saisie, il en sera
» fait aussitôt après l'affirmation, une expédition qui sera
» déposée dans les vingt-quatre heures au greffe de la justice
» de paix pour qu'il en puisse être donné communication
» à ceux qui réclameraient les objets saisis ».

Les Maires doivent veiller à ce qu'il ne soit pas abusé des choses séquestrées, qu'elles soient soigneusement conservées, et les animaux convenablement nourris.

On doit au surplus, à Paris, et dans les communes rurales, se conformer, pour le mode, le temps et la levée de la mise en fourrière, aux dispositions des articles 39 et suivans du décret du 18 juin 1811, relatif aux frais de justice en matière criminelle (1).

------

(1) Voici les dispositions du décret du 18 juin 1811, relatives à la mise en fourrière.

Art. 39. « Les animaux et tous les objets *périssables*, pour
» quelque cause qu'ils aient été saisis, ne pourront rester
» en fourrière ou sous le séquestre plus de *huit jours*. Après
» ce délai, la main-levée provisoire *pourra* en être accordée.
» S'ils ne doivent ou ne peuvent être restitués, ils seront
» mis en vente, et les frais de fourrière seront prélevés sur
» le produit de la vente, par privilège et préférence à tous
» autres ».

Art. 40. « La main-levée *provisoire* des animaux saisis et
» objets *périssables* mis en séquestre, sera ordonnée par le
» Juge de paix ou par le Juge d'instruction, moyennant cau-
» tion, et le paiement des frais de fourrière et de séquestre ;
» si lesdits objets doivent être vendus, la vente sera ordonnée
» par les mêmes magistrats. Cette vente sera faite à l'en-
» chère au marché le plus voisin, à la diligence de l'Ad-
» ministration de l'enregistrement. Le jour de la vente sera
« indiqué par affiches vingt-quatre heures à l'avance, à
» moins que la modicité de l'objet ne détermine le ma-
» gistrat à ordonner la vente sans formalités : ce qu'il ex-
» primera dans son Ordonnance. Le produit de la vente
» sera versé dans la caisse de l'Administration de l'enregis-

8

AVIS À DONNER AU PROCUREUR DU ROI AUSSITOT QU'UN CRIME OU UN DÉLIT A ÉTÉ COMMIS.

Indépendamment de ce que d'après l'art. 249 du Code d'instruction criminelle, je suis tenu d'envoyer, tous les huit jours, à M. le Procureur général, une notice de toutes les affaires criminelles et correctionnelles, je dois encore, aux termes de l'article 27, lui donner, *sans délai*, avis des crimes

---

» trement pour en être disposé ainsi qu'il sera ordonné par
» le jugement définitif ».

Les art. 168 et 179 du Code forestier ajoutent à ces dispositions et les modifient en partie, en matière forestière.

L'*Art.* 168 porte : « Les Juges de paix *pourront* donner
» main-levée *provisoire* des objets saisis, à la charge du
» paiement des frais de séquestre, et moyennant une bonne
» et valable caution.

» En cas de contestation sur la validité de la caution, il
» sera statué par le Juge de paix.

Art. 169. « Si les *bestiaux* saisis ne sont pas réclamés
» dans les *cinq* jours qui suivront le séquestre, ou s'il n'est
» pas fourni bonne et valable caution, le Juge de paix en
» ordonnera la vente à la diligence du receveur des domai-
» nes, qui la fera publier vingt-quatre heures d'avance.

« Les frais de séquestre et de vente seront taxés par le
» Juge de paix, et prélevés sur le produit de la vente ; le
» surplus restera déposé entre les mains du receveur des do-
» maines, jusqu'à ce qu'il ait été statué en dernier ressort
» sur le procès-verbal.

« Si la réclamation n'a lieu qu'après la vente des bestiaux
» saisis, le propriétaire n'aura droit qu'à la restitution du
» produit net de la vente, tous frais déduits, dans le cas
» où cette restitution serait ordonnée par jugement ».

et délits parvenus à ma connaissance, et exécuter ses ordres relativement aux actes de police judiciaire qu'il jugerait nécessaires.

De son côté, suivant l'art. 29, tout fonctionnaire ou officier public, qui acquiert la connaissance d'un crime ou délit, est tenu de m'en prévenir *sur-le-champ* (1).

Pour remplir ce double vœu de la loi, MM. les Juges de paix, Commissaires de police ou autres Officiers de police auxiliaires de Paris, dès que la connaissance d'un crime ou délit leur parviendra, me transmettront, *sans délai*, un bulletin, signé, *daté de jour et heure*, énonçant sommairement :

1°. La nature du crime ou délit ;

2°. Le jour, l'heure, le lieu et le quartier où il a été commis ;

3°. Les noms, professions et demeures de la personne lésée et du prévenu, s'il est connu ; ou du moins, dans les cas graves et en cas de non arrestation, sa désignation et son signalement, s'il est possible ;

4°. La mention de l'arrestation ou de la non arrestation ;

5°. Comment et à quelle heure la connaissance du

---

(1) Les Procureurs du Roi des départemens ne doivent pas négliger de leurs auxiliaires l'envoi de cet avis dans le plus bref délai. Dans beaucoup de cas, surtout en matière d'*homicide*, d'*empoisonnement*, d'*infanticide*, etc., les auxiliaires du Procureur du Roi n'ont pas les mêmes moyens que lui pour constater ces crimes. Il n'y a pas toujours dans les campagnes des experts assez habiles pour aider la justice dans ses investigations,

crime ou délit est parvenue à l'Officier de police qui
donne l'avis ;

6°. Et un numéro d'ordre qui sera répété en marge
de la première pièce de procédure.

Ce bulletin doit être remis au parquet au Palais
de Justice, depuis dix heures du matin jusqu'à cinq
heures du soir, et à mon hôtel, le matin avant dix
heures, et le soir après cinq heures ; la remise devra être également faite à mon hôtel les jours de
fêtes et dimanches.

Malgré cet envoi, l'Officier de police doit commencer ou continuer ses recherches.

Quant à MM. les Juges de paix, Maires, Adjoints
et autres Officiers auxiliaires des communes rurales,
ils peuvent se borner à m'avertir du crime ou délit,
au moyen d'une simple lettre mise à la poste, et
contenant les mêmes détails que ceux des bulletins
ci-dessus énoncés. Si leurs procès-verbaux étaient
terminés avant l'heure de la poste, l'envoi qui m'en
sera fait avec une lettre, dispensera de l'avis.

Dans le cas de crimes capitaux ou d'une grande
importance, ils doivent m'en prévenir *par un ex-
près* qui me sera adressé au parquet ou à mon hôtel,
selon les heures ci-dessus indiquées.

Dans tous les cas, ils n'en doivent pas moins procéder.

Outre l'avis dont je viens de parler, Messieurs,
l'envoi des procès-verbaux doit m'être fait *immédiatement*, *avec la plus grande exactitude*, afin que je
puisse sur-le-champ continuer les poursuites com-
mencées, en requérir de nouvelles, ou indiquer
les opérations supplétives qui seraient à faire en
continuant d'agir comme mes auxiliaires.

MM. les Officiers de police judiciaire de la ville de Paris sont dans l'usage d'envoyer leurs procès-verbaux à la Préfecture de Police par l'intermédiaire de laquelle je les reçois, après que la police s'est livrée aux recherches préliminaires qui aident si puissamment à la découverte de la vérité.

Cet usage doit continuer d'être suivi ; néanmoins dans tous les cas de *crimes contre la sûreté de l'État, de mort subite, accidentelle ou violente, d'homicide, de suicide, de levée de cadavres, de blessures graves, d'incendie, de fausse monnaie, de vol avec violences, d'autres crimes très-graves, ou de tentatives de ces crimes,* la communication des procès-verbaux doit m'être donnée *dès-l'instant où ils ont été dressés :* la même chose pourra avoir lieu toutes les fois que MM. les Officiers de police judiciaire de Paris éprouveront quelqu'embarras pour constater les crimes ou délits, de quelqu'espèce que ce soit. Cette communication est indispensable afin que je puisse, soit permettre les inhumations ainsi que je l'ai dit plus haut, soit prescrire les opérations qui devront être faites et consignées dans les procès-verbaux commencés ou dans des actes supplétifs. Lorsqu'ensuite leurs opérations seront terminées, ils renverront toujours les procès-verbaux et toutes les autres pièces à la Préfecture de Police, à moins que je ne leur donne des instructions contraires (1).

______

(1) L'envoi au ministère public des bulletins, ou des procès-verbaux, en cas de crimes graves, a été l'objet de nouvelles invitations adressées par le Procureur du Roi près le Tribunal de la Seine, aux Commissaires de police dont quelques-uns avaient négligé de faire cet envoi, ou ne l'a-

Tels sont, Messieurs, les divers objets que j'ai cru devoir rappeler à votre attention. Sans faire aucune désignation particulière, je me suis borné à des observations générales. Elles ne feront sans doute qu'accroître le zèle de ceux d'entre vous qui ont exercé leur ministère avec cette régularité, ce soin et cette activité d'où dépend essentiellement le maintien de l'ordre. Les autres en profitant de ces observations, en méditant sur l'importance de leurs fonctions et en évitant de retomber dans des fautes désormais inexcusables, atteindront bientôt une perfection dont leurs collègues leur offrent déjà de nombreux exemples.

Pour moi, je serai prêt, dans tous les instans, à vous seconder et à concourir avec vous à la sûreté des personnes, à la conservation des propriétés, à la répression du crime et à la garantie due à l'innocence.

J'ai l'honneur d'être avec la considération la plus distinguée, Messieurs,

> Votre très-humble et très-obéissant serviteur,
>
> **JACQUINOT-PAMPELUNE.**

---

vaient fait que tardivement. Toute négligence à cet égard a le grave inconvénient de mettre le ministère public dans le cas de ne pouvoir prendre ou requérir que trop tard les mesures que la loi perscrit, et ainsi l'action de la justice se trouve quelque temps paralysée.

FORMULES.

FORMULES.

N°. 1er.

Procès-verbal de Contravention de Police : dressé par le Commissaire de police, le Maire ou l'Adjoint.

L'an mil huit cent..., le..., heure..., de...,

Nous Maire, (*ou*) Adjoint du Maire, (*ou*) Commissaire de police de la commune, (*ou*) de la ville de..., Officier de police judiciaire,

Faisant notre tournée dans cette commune, (*ou*) dans cette ville pour le maintien de la propreté, (*ou*) de la salubrité, (*ou*) de la sûreté publique ;

Nous avons reconnu et constaté que malgré l'avertissement ordinaire donné ; cejourd'hui dans cette ville, (*ou*) dans cette commune, le sieur Pierre N..., propriétaire, (*ou*) marchand de..., demeurant en cette ville rue..., n°..., (*ou*) dans cette commune, avait négligé de nettoyer la rue, (*ou*) la partie de la rue, dont le nettoyage est à sa charge.

Nous faisons observer que pour pareil fait (*ou pour telle autre contravention de police* qu'on exprimera), le sieur Pierre N..., a déjà été condamné à des peines de police par jugement du tribunal de police de cette ville (*ou*) de ce canton, (*ou*) de cette commune, en date du.... dernier ;

Attendu que par sa négligence le sieur N..., est contrevenu au §. 3 de l'art. 471 du Code pénal ; et que d'ailleurs ce contrevenant est en récidive, nous avons dressé le présent procès-verbal que nous avons signé à chaque feuillet.

(signature).

(*Faire viser pour timbre et enregistrer en* DÉBET).

N°. 2.

Procès-verbal de Garde champêtre.

1°. *Procès-verbal simple.*

L'an..., le..., heure de..., je soussigné Jean N..., garde champêtre de la commune de..., résidant à..., ayant serment en justice, certifie qu'étant décoré du signe caractéristique de mes fonctions, et faisant ma tournée ordinaire pour la conservation des propriétés confiées à ma garde, en passant dans le chemin de..., conduisant de... à..., j'ai trouvé, lieu dit..., dans une pièce de terre semée en blé, dont le grain est près de maturité, et qui appartient au sieur L..., cultivateur en cette commune, une vache sous poil noir, que j'ai reconnue pour appartenir au sieur M..., aussi cultivateur en cette commune, et qui paissait dans ladite pièce de terre, sous la garde d'un jeune homme que j'ai également reconnu pour être Pierre N..., âgé de..., domestique au service dudit sieur M..., et demeurant avec lui.

J'ai sommé ledit Pierre N... de faire retirer sur-le-champ la vache de la pièce de terre du sieur L..., ce qu'il a fait à l'instant.

J'ai évalué le dégât causé par cette vache à la somme de..., et j'ai déclaré à Pierre N... que j'allais dresser procès-verbal tant contre lui que contre ledit sieur M..., son maître, comme civilement responsable de ses faits.

De ce que dessus, j'ai dressé le présent procès-verbal, et l'ai signé à chaque feuillet.

(*Si les bestiaux et celui qui les garde sont inconnus au Garde champêtre, il procède et rédige son procès-verbal ainsi*)

L'an etc., passant etc., j'ai trouvé, lieu dit..., dans une pièce de terre, etc., une vache sous poil noir, qui paissait dans ladite pièce de terre, dont le propriétaire m'est inconnu.

Cette vache était gardée par un homme aussi à moi inconnu, je me suis approché de cet individu, et l'ai sommé de me déclarer ses noms, prénoms, âge, profession et demeure, et de me désigner le propriétaire de la vache trouvée en délit.

Il m'a répondu qu'il se nommait Pierre N..., âgé de..., domestique au service du sieur M..., cultivateur, demeurant à..., et que la vache appartenait audit sieur M..., son maître.

J'ai sommé ledit Pierre N..., de faire retirer, etc, (*Le reste comme dessus*).

2°. *Procès-verbal avec mise en fourrière.*

(*Si la vache, quoique connue du Garde, est laissée à l'abandon, ou si elle est inconnue au Garde, et qu'elle soit aussi abandonnée, le Garde procède et rédige son procès-verbal ainsi*) :

L'an etc., passant etc., j'ai trouvé, lieu dit..., dans une pièce de terre, etc., une vache sous poil noir, qui paissait dans ladite pièce de terre, que j'ai reconnue pour appartenir au sieur M..., cultivateur en cette commune, mais qui n'était sous la garde de personne.

(*Ou bien*) j'ai trouvé, etc., une vache sous poil noir, qui paissait sans aucun gardien dans ladite pièce de terre, et dont le propriétaire m'est inconnu.

J'ai évalué le dégât causé par cette vache, à la somme de...; j'ai saisi cette vache, et l'ai conduite et mise en séquestre dans la maison du sieur..., aubergiste en cette commune, désigné, par arrêté de M. le Maire, pour recevoir les animaux et objets mis en fourrière.

Ledit sieur... a consenti à s'en charger, comme dépositaire judiciaire, et s'est engagé à la représenter quand et ainsi qu'il en serait ordonné par justice.

De ce que dessus, j'ai dressé le présent procès-verbal, qui a été signé par moi et par le sieur..., séquestre auquel j'en ai préalablement donné lecture en ce qui le concerne.

(*Le Garde procède de même dans tous les cas où la loi prescrit le séquestre; dans ceux où le délinquant ne veut pas faire cesser le dégât causé par ses bestiaux; ou enfin dans ceux où le Garde doute de la sincérité des réponses faites par le délinquant sur ses noms et demeures, ou sur la désignation du maître des bestiaux en délit).*

3°. *Procès-verbal avec perquisition.*

L'an etc., en passant etc., j'ai reconnu, lieu dit..., qu'on avait arraché et enlevé, dans une pièce de terre plantée en pommes de terre, et appartenant au sieur L...., cultivateur en cette commune, environ dix boisseaux de pommes de terre, que j'ai évalués à la somme de... La quantité des pommes de terre enlevées m'a fait présumer que, pour les emporter, on avait dû se servir de panier, sac ou bête de somme. J'ai également présumé que le vol s'était fait pendant la nuit dernière, parce que j'ai été instruit que hier à..., heures du soir, lorsque le sieur L.... avait quitté sa pièce de terre, le vol n'avait pas encore été commis, et que le sieur L... avait découvert le vol ce matin dès la pointe du jour.

Averti que, vers deux heures du matin, on avait aperçu un individu chargé d'un sac fort lourd, et que l'on avait vu entrer dans la maison habitée par Pierre N..., cultivateur en cette commune, j'ai de suite requis M..., Juge de paix du canton de..., (*ou*) Maire, (*ou*) Adjoint du Maire, (*ou*) Commissaire de police de la commune de..., de m'assister dans ladite maison. M..., ayant obtempéré à ma réquisition, je me suis transporté au domicile de Pierre N..., dont la porte ne nous a été ouverte par Pierre N... lui-même, qu'après que j'ai eu frappé à plusieurs reprises (1).

J'ai déclaré à Pierre N... quel était l'objet de mon transport, et que j'allais en présence de M... le Juge de paix, (*ou*) Maire, (*ou*) Adjoint, (*ou*) Commissaire de police, faire une perquisition dans sa maison, ce à quoi il a consenti.

---

(1) S'il n'y avait personne ou que le prévenu refusât l'ouverture de sa maison, le garde champêtre ferait ouvrir les portes par un serrurier qu'il requerrait à cet effet, et le procès-verbal ferait mention du tout. S'il y avait résistance de la part du prévenu, le maire ou le garde requerrait l'assistance de la force publique, et la résistance serait constatée.

Par l'effet de cette perquisition , j'ai trouvé dans une salle au rez-de-chaussée , et caché derrière un buffet , un grand sac de toile , dont l'intérieur était encore empreint de terre humide.

J'ai aussi trouvé dans un petit cellier , derrière des planches , des pommes de terre fraîchement arrachées , qui étaient encore couvertes de terre humide , et qui m'ont paru être en même quantité que les pommes de terre enlevées de la pièce du sieur L...

Interpellé , par moi , de déclarer d'où lui proviennent ces pommes de terre , Pierre N... m'a répondu qu'à la vérité il n'avait pas , cette année , récolté de pommes de terre, mais qu'il avait acheté celles-ci au dernier marché de... , qu'il ne connaissait pas l'individu qui les lui avait vendues, et que personne n'était présent lors de l'achat qu'il en avait fait.

J'ai pris plusieurs de ces pommes de terre et là, en présence de M. le Juge de paix, (*ou*) Maire, (*ou*) Adjoint, (*ou*) Commissaire de police qui a continué de m'assister , et de Pierre N... , prévenu , qui m'avait volontairement suivi sur la sommation que je lui en avait faite, j'ai comparé ces pommes de terre avec des pommes de terre que j'ai extraites moi-même de ladite pièce de terre, et j'ai reconnu que les unes et les autres étaient de mêmes nature , espèce et qualité.

(*Si le Garde n'a pas les connaissances suffisantes pour faire lui-même la vérification, il appellera un expert, auquel il fera préalablement prêter serment , formalité qu'il exprimera*).

Revenu à la maison de Pierre N... , pour mettre la justice à portée de renouveler cette vérification, j'ai conservé pour échantillon les pommes de terre par moi extraites de la pièce de terre du sieur L... , et les ai renfermées dans un petit sac de toile grise , que j'ai clos et étiqueté , et que M. le Juge de paix , (*ou* Maire , (*ou*) Adjoint, (*ou*) Commissaire de police a scellé du sceau de la justice de paix (*ou*) de la mairie,

Quant aux pommes de terre trouvées chez Pierre N..., je les ai renfermées dans un grand sac de toile grise, que j'ai également clos et étiqueté, et M. le Juge de paix, (*ou*) Maire, (*ou*) Adjoint, (*ou*) Commissaire de police a apposé le sceau de la Mairie tant sur ce second sac que sur le sac trouvé derrière le buffet ; pour, le tout, servir de pièces de conviction et être déposé entre les mains du sieur..., aubergiste en cette commune, désigné par arrêté de M. le Maire pour recevoir les animaux et objets mis en fourrière ou séquestrés.

Comme j'allais me retirer, le nommé Pierre N... m'a avoué en présence de M. le Juge de paix, (*ou* Maire, (*ou*) Adjoint, (*ou*) Commissaire de police, qu'il avait en effet pris pendant la nuit dernière, dans la pièce du sieur L...., les pommes de terre trouvées chez lui, et que pour cet en—lèvement il s'était servi du sac trouvé derrière son buffet.

De ce que dessus, j'ai dressé le présent procès-verbal, qui a été clos à... heures de..., dont j'ai donné lecture audit Pierre N..., et qui a été signé à chaque feuillet par M. le Juge de paix, (*ou*) Maire, (*ou*) Adjoint, (*ou*) Commissaire de police, et par moi. Quant à Pierre N..., il a déclaré ne savoir signer, de ce interpellé suivant la loi.

(*Le Garde champêtre n'oubliera pas de mettre les noms, pré-noms, professions et demeures des parties qui sont connues, et fera timbrer et enregistrer en* DÉBET *son procès-verbal. Il se fera remettre, par le séquestre, un reçu détaillé des pièces de conviction déposées et le joindra au procès-verbal*).

N°. 3.

Procès-verbal de Garde forestier.

L'an..., le..., heure de..., je soussigné N..., garde forestier de la Couronne pour la forêt (*ou*) les bois de..., résidant à..., ayant serment en justice, certifie qu'étant décoré du signe caractéristique de mes fonctions, et faisant ma tournée ordinaire dans la forêt, (*ou*) dans les bois confiés à ma garde, étant parvenu au triage de..., dans une vente de... ans de recrue, j'y ai trouvé le nommé Pierre N..., journalier, demeurant à..., lequel était occupé à couper, à l'aide d'une serpe, deux corps d'arbre sur pied, et verts; l'un, essence de chêne et portant... centimètres de tour; l'autre, essence de chataignier et portant... centimètres de tour. J'ai rapproché des souches les deux corps d'arbre coupés, et j'ai reconnu qu'ils s'y adaptaient parfaitement.

J'ai saisi le bois coupé en délit par ledit Pierre N..., ainsi que la serpe dont il s'était servi pour commettre le délit

J'ai déclaré à Pierre N..., que j'allais dresser procès-verbal contre lui.

De ce que dessus, j'ai dressé le présent procès-verbal, que j'ai signé à chaque feuillet.

(*Le garde fait viser pour timbre, et enregistrer en* DÉBET *son procès-verbal, et dépose au séquestre les objets, instrumens et animaux saisis comme il est expliqué dans l'Instruction. Du reste, les garde. forestiers procèdent dans la même forme que les gardes champêtres, et font les perquisitions avec les mêmes formalités.*

Les gardes champêtres et forestiers des particuliers procèdent aussi de même; ils nomment dans leurs procès-verbaux les personnes dont ils sont gardes, la situation des propriétés de ces personnes et le lieu précis de ces propriétés où s'est commis l'infraction; ils se servent de papier timbré et font enregistrer leurs actes).

N°. 4.

Rapport de Garde champêtre ou forestier.

L'an..., le..., heure de...

Par devant nous Juge de paix du canton de..., (*ou*) Maire (*ou*) Adjoint (*ou*) Commissaire de police de la commune de...

Est comparu le sieur N..., garde champêtre, (*ou*) garde forestier, etc., résidant à..., ayant serment en justice, le-

quel nous fait rapport que cejourd'hui , à... , heure de... ,
étant décoré du signe de ses fonctions , et faisant sa tournée,
etc. (*Le reste comme dans les modèles ci-dessus*).

Duquel rapport , il a requis acte que nous lui avons oc‐
troyé ; et après que nous lui avons eu donné lecture dudit
rapport , il l'a signé avec nous à chaque feuillet.

N°. 5.

Affirmation de procès-verbal de Garde champêtre
ou forestier.

L'an... , le... , heure de...

Par devant nous Juge de paix du canton de... , (*ou*) par
devant nous Suppléant du Juge de paix du canton de... , fai‐
sant pour l'empêchement du Juge de paix (*ou*) par devant
nous Maire , (*ou*) Adjoint de la commune de... , faisant pour
l'empêchement du Juge de paix de ce canton, et de ses Sup‐
pléans ; est comparu le sieur N... , garde champêtre de la
commune de... , y demeurant , (*ou*) garde champêtre par‐
ticulier des propriétés rurales de M... , situées dans la com‐
mune de... , y demeurant, (*ou*) garde forestier de la Cou‐
ronne pour la forêt , (*ou*) les bois de... , résidant commune
de... , (*ou*) garde forestier de la commune de... , (*ou*) garde
particulier des bois du sieur... , situés dans la commune de...,
y demeurant ; lequel a affirmé sincère et véritable le procès-
verbal ci-dessus. De laquelle affirmation , il a requis acte
que nous lui avons octroyé , et il a signé avec nous.

(*Quand le Garde champêtre ou forestier n'a pas dressé de
procès-verbal, et qu'il a fait un rapport devant le Juge de paix,
le Maire, etc. , ce rapport doit être aussi affirmé dans les 24
heures. Si c'est le Juge de paix qui reçoit le rapport, il peut ,
immédiatement et par le même acte, recevoir l'affirmation. Si le
rapport est reçu par un autre officier que le Juge de paix , il devra être affirmé dans les 24 heures devant le Juge de paix, ou,
en cas d'empêchement, devant le fonctionnaire chargé de le
suppléer.*

N°. 6.

Réquisitoire du ministère public près le tribunal de police pour faire fixer le dommage.

Nous Maire, (*ou*) Adjoint, (*ou*) Commissaire de police de la commune de..., (*ou*) de la ville de..., exerçant les fonctions du ministère public près le tribunal de police du canton de..., (*ou*) de la ville de..., exerçant les fonctions du ministère public près le tribunal de police du canton de..., (*ou*) de la ville...

Requérons M. le Juge de paix, président de ce tribunal, d'estimer, (*ou*) de faire estimer conformément à l'article 148 du Code d'instruction criminelle, les dommages causés par la contravention que le sieur Pierre N..., est prévenu d'avoir commise à l'article.

Fait à..., le..., heure de...

N°. 7.

Procès-verbal d'estimation de dommage rédigé par le Juge de paix.

L'an..., le..., heure de...

Nous Juge de paix, président du tribunal de police du canton de..., (*ou*) de la ville de...

Procédant en vertu de l'article 148 du Code d'instruction criminelle, sur la réquisition de M. le Maire, (*ou*) de M. l'Adjoint, (*ou*) de M. le Commissaire de police de la commune de..., (*ou*) de la ville de..., exerçant les fonctions du ministère public près ce tribunal, (*ou bien*) sur la réquisition du sieur L..., partie civile contre Pierre N...

Nous nous sommes transportés dans une maison, (*ou*) dans une pièce de terre, située commune de..., lieu de..., (*ou*) ville de..., rue de.., appartenant à L..., partie civile, à l'effet d'y estimer (*ou*) faire estimer le dommage que

Pierre N..., est prévenu d'y avoir commis en contravention à l'article...

Arrivé dans ladite maison, (*ou*) sur ladite pièce de terre, nous y avons trouvé, (*ou bien*) sont comparus les sieurs L...., partie civile, et Pierre N..., prévenu, que nous avions fait avertir de notre transport, (*ou*) qui avaient été cités à la requête du ministère public, (*ou*) de L..., partie civile, par exploit de..., huissier, en date du...

(*Si les parties ne comparaissent pas, on donne défaut contre elles, et l'on procède en leur absence*).

Nous avons examiné le dommage en présence des parties, dont nous avons entendu les observations respectives, et nous l'avons estimé à la somme de...

(*ou bien*) Nous avons requis le sieur N..., expert, par nous nommé d'office, de procéder à l'évaluation du dommage en question.

Ledit expert après avoir prêté entre nos mains le serment de donner son avis en son honneur et conscience ; et après avoir entendu les observations respectives des parties, il nous a déclaré qu'il estimait ledit dommage à la somme de...

De ce que dessus, nous avons dressé le présent procès-verbal, dont nous avons donné lecture à l'expert et aux parties qui l'ont signé avec nous, excepté le sieur N..., qui a déclaré ne savoir (*ou*) ne vouloir signer, de ce interpellé selon la loi.

(*Si c'est le ministère public qui requiert l'estimation, ce procès-verbal doit être visé pour timbre et enregistré en* DÉBET ; *si c'est la partie civile, le procès-verbal doit être timbré et enregistré*).

N°. 8.

Commission pour estimation de dommage.

Nous Juge de paix, président du tribunal de police du canton de..., (*ou*) de la ville de...

Sur la réquisition de M. le Maire, (*ou*) de M. l'Adjoint, (*ou*) de M. le Commissaire de police de la commune de..., (*ou*) de la ville de..., exerçant les fonctions du ministère public près ce tribunal;

.. (*ou*) Sur la réquisition du sieur L..., partie civile contre Pierre N...

Commettons, conformément à l'article 148 du Code d'instruction criminelle, M. le Maire ou, en cas d'empêchement, M. l'Adjoint de la commune de..., ou M. le Commissaire de police de la ville de..., afin de procéder par lui-même, (*ou*) avec l'assistance du sieur N..., expert, que nous nommons d'office, (*ou*) avec l'assistance de l'expert qu'il nommera d'office, à l'estimation du dommage que le sieur Pierre N..., est prévenu d'avoir, en contravention à l'article... commis dans une maison, (*ou*) sur une pièce de terre sise susdite commune de..., lieu dit..., (*ou*) dans cette ville, rue..., et appartenant au sieur L..., et de faire cette estimation contradictoirement avec lesdits sieurs N... et L..., ou eux dûment appelés.

De laquelle opération il dressera procès-verbal qu'il nous enverra, pour être ensuite, par le ministère public, requis, et, par nous, ordonné ce qu'il appartiendra.

Fait à..., le

(*Même observation relativement au timbre et à l'enregistrement, que pour le procès-verbal d'estimation dressé par le Juge de paix*).

<h1 style="text-align:center">N°. 9.</h1>

Procès-verbal d'estimation de dommage dressé par le Maire, ou l'Adjoint, ou le Commissaire de police en vertu de la commission du Juge de paix.

L'an..., le..., heure de...

Nous Maire, (*ou*) Adjoint du Maire de la commune de...,
(*ou*) Commissaire de police de la ville de...,

En exécution de la commission à nous donnée le.. par M. le Juge de paix, président du tribunal de police du canton de... (*ou*) de la ville de... sur la réquisition de M. le Maire, (*ou*) de M. l'Adjoint, (*ou*) de M. le Commissaire de police de la commune de... (*ou*) de la ville de... ; exerçant les fonctions du ministère public près ledit tribunal, (*ou*) sur la réquisition du sieur L... partie civile contre Pierre N... ; à l'effet, conformément à l'article 148 du Code d'instruction criminelle, d'estimer, (*ou*) de faire estimer le dommage que le sieur Pierre N... est prévenu d'avoir, en contravention à l'article... commis dans une maison, (*ou*) sur une pièce de terre, sise susdite, commune de..., lieu dit..., (*ou*) en cette ville, rue de..., et appartenant au sieur L... et de faire cette estimation contradictoirement avec lesdits sieurs N... et L..., ou eux dûment appelés.

Nous nous sommes transportés dans ladite maison, (*ou*) surledit champ, et nous y avons trouvé, (*ou bien*) sont comparus lesdits sieurs L..., partie civile et Pierre N... prévenu, que nous avions fait avertir de notre transport, (*ou*) qui avaient été cités à la requête du ministère public, (*ou*) de L... partie civile, par exploit de... huissier, en date du...

Nous avons examiné, etc. (*Le reste comme dans le modèle du procès-verbal d'estimation dressé par le Juge de paix, à l'exception que quand l'officier commis fait faire l'estimation par un expert que le Juge de paix a laissé à sa nomination, il l'exprime*).

Même observation relativement au timbre et à l'enregistrement, que pour le procès-verbal d'estimation dressé par le Juge de paix.

N°. 10.

Cédule de citation en cas d'urgence.

Nous Juge de paix, président du tribunal de police du canton (*ou*) de la ville de...

En vertu du §. 2 de l'article 146 du Code d'instruction criminelle ;

Attendu l'urgence; ... Au sieur ..., parlant à... 3°. ...

Mandons et ordonnons à tous huissiers sur ce requis, de citer à la requête du ministère public près ce tribunal, à comparaître cejourd'hui même, l'heure de... en l'audience publique de ce tribunal.

1°. Le sieur Pierre N... (profession), demeurant à..., prévenu de contravention à l'article...

2°. Le sieur N... (profession), demeurant à..., civilement responsable de cette contravention;

3°. Le sieur L... (profession), demeurant à..., plaignant, (*ou*) partie civile;

4°. etc. 5°. etc. ... (*ou*)...

Ces deux derniers témoins.

Fait à Paris, le...

N°. 11.

Citation.

L'an..., le..., (1) à la requête de M. le Maire, (*ou*) de M. l'Adjoint du Maire, (*ou*) de M. le Commissaire de police, (*ou*) de M..., membre du conseil municipal de la commune (*ou*) ville de..., exerçant les fonctions du ministère public près le tribunal de police du canton (*ou*) de la commune, (*ou*) de la ville de..., pour lequel domicile est élu au greffe du tribunal de police de ce canton, (*ou*) en la maison commune dudit lieu, j'ai..., huissier..., soussigné, donné assignation,

1°. Au sieur Pierre N..., prévenu, parlant à... 2°. Au sieur M..., au nom et comme civilement responsable dudit

---

(1) *Si le Juge de paix a donné une cédule à cause d'urgence, l'huissier en fait mention ainsi :* En vertu de la cédule délivrée cejourd'hui par M. le Juge de paix attendu l'urgence, et à la requête, etc., (*l'huissier laisse une copie de la cédule aux personnes citées.*

En terminant l'exploit, il ajoute) : Et j'ai à chacun des susnommés, en parlant comme dessus, laissé copie tant de la cédule susénoncée que du présent.

Pierre N..., parlant à... 3°. Au sieur L..., plaignant, (*ou*) partie civile, parlant à... 4°. Au sieur..., parlant à... 5°. Au sieur..., parlant à...

Ces deux derniers, témoins;

A comparaître en personne le..., heure de..., en l'audience du tribunal de police du canton; (*ou*) de la ville de..., séant à..., (*ou*) à l'audience du tribunal de police de la commune de..., séant en la Maison commune dudit lieu;

Pour, à l'égard du sieur Pierre N..., répondre sur les faits de contravention à l'article..., dont il est prévenu par la plainte du sieur L..., (*ou*) par la dénonciation du sieur..., (*ou*) par le procès-verbal, (*ou*) rapport fait le..., par...

A l'égard du sieur M..., pour s'expliquer sur les faits de responsabilité civile, résultant de la contravention à l'article..., dont est prévenu Pierre N..., par la plainte, etc.;

A l'égard du sieur L..., pour être entendu comme plaignant, (*ou*) partie civile, sur les faits de contravention contenus en sa plainte contre Pierre N..., (*ou*) en la dénonciation du sieur..., contre Pierre N..., (*ou*) au procès-verbal dressé, etc. et prendre, si bon lui semble, telles conclusions qu'il avisera;

Et à l'égard des autres personnes citées, pour déposer comme témoins sur les faits de contravention dont il leur sera donné connaissance; leur déclarant qu'en comparaissant ils seront taxés conformément à la loi, s'ils le requièrent; et que, faute de comparaître et de justifier d'empêchement légitime, ils seront condamnés aux peines portées par la loi contre les témoins défaillans.

Et j'ai, à chacun des susnommés, en parlant comme dessus, laissé copie du présent.

(Nota. *Faire viser pour timbre et enregistrer en* DÉBET (1).

---

(1) Employer du papier timbré et faire enregistrer, si la citation est donnée à la requête du plaignant.

Citation par simple avertissement.

(Cet avertissement doit être envoyé et laissé individuellement à chaque partie et à chaque témoin).

Le Maire, (*ou*) l'Adjoint du Maire, (*ou*) le Commissaire de police, (*ou*) M..., membre du Conseil municipal de la commune, (*ou*) ville de..., exerçant les fonctions du ministère public près le tribunal de police du canton de..., (*ou*) de la commune, (*ou*) ville de...

En vertu de l'article 147 du Code d'instruction criminelle *(s'il s'agit de comparution devant le tribunal de police du canton), (ou)* de l'art. 69 du Code d'instruction criminelle *(s'il s'agit de comparution devant le tribunal de police de la commune).*

Avertit le sieur Pierre N... de comparaître à l'instant, (*ou*) le..., heure de..., en l'audience du tribunal de police du canton, (*ou*) de la ville de , séant à..., (*ou*) séant dans la Maison commune de ce lieu, pour répondre, etc. (*Voyez, à cet égard le modèle de citation ci-dessus*).

Fait à..., le..., (signature).

(L'avertissement donné aux autres parties sera fait dans la même forme, en vertu du même article, et on y exprimera, pour chacune, le motif de la comparution, comme dans le modèle de la citation ci-dessus.

L'avertissement sera donné à chaque témoin en vertu de l'article 147 du Code d'instruction criminelle s'il s'agit de comparaître devant le tribunal de police du canton, ou en vertu de l'article 170 s'il s'agit de comparaître devant le tribunal de police de commune, pour déposer sur les faits de contravention dont il lui sera donné connaissance, avec déclaration qu'en comparaissant, il sera taxé s'il le requiert).

Nº. 12.

Jugement du Tribunal de police.

Jugement contradictoire.

LOUIS PHILIPPE, Roi des Français, etc.

Le tribunal de police du canton de..., (*ou*) de la commune, (*ou*) ville de..., a rendu le jugement suivant :

Entre M. le Maire, (*ou*) M. l'Adjoint du Maire, (*ou*) M. le Commissaire de police, (*ou*) M..., membre du Conseil municipal de la commune, (*ou*) ville de..., exerçant les fonctions du ministère public près ce tribunal, demandeur d'une part ;

Le sieur Pierre N..., demeurant à..., prévenu, comparant en personne, d'autre part ;

(*S'il y a une partie civilement responsable, on ajoute*) :

Et le sieur M..., demeurant à..., comme civilement responsable des faits du prévenu, comparant en personne, aussi d'autre part ;

(*S'il y a une partie civile, on ajoute encore*) :

En présence du sieur L...., demeurant à..., partie civile, comparant en personne, encore d'autre part ;

(*Si la citation est donnée par la partie civile elle-même, on substitue ceci*) :

Entre le sieur L...., etc., partie civile et demandeur, comparant, etc., d'une part ;

Le sieur Pierre N..., etc., prévenu, comparant, etc., d'autre part ;

Et le sieur M..., etc., civilement responsable, etc., aussi d'autre part ;

En présence de M. le Maire, etc., exerçant les fonctions, etc., encore d'autre part.

(*Si le ministère public et la partie civile ont respectivement cité, on substitue ceci*) :

Entre M. le Maire, etc., demandeur, d'une part ;

Le sieur Pierre N...., etc., prévenu, etc., d'autre part;

Et le sieur M..., comme civilement responsable, etc., aussi d'autre part;

En présence du sieur L...., etc., partie civile, etc., encore d'autre part;

Encore entre le sieur L..., etc., partie civile et demandeur, d'une part;

Le sieur Pierre N..., etc., prévenu, etc., d'autre part;

Et le sieur M..., etc., comme civilement responsable, etc., aussi d'autre part;

En présence de M. le Maire, etc., exerçant les fonctions, etc., encore d'autre part (1).

La Cause appelée, le Greffier fait lecture du procès-verbal (*ou*) rapport fait le..., par..., duquel il résulte que (*exposer très-sommairement les faits*)...

Le Ministère public expose que par exploit de..., huissier, en date du..., il a fait citer : (*ou bien*) que par un avertissement en date du..., il a appelé en ce tribunal Pierre N..., prévenu de contravention à l'article..., et le sieur M..., comme civilement responsable de cette contravention.

(*Si c'est la partie civile qui a cité ou appelé le prévenu, on substitue ceci*) :

Le sieur L..., expose que par exploit de..., huissier, en date du..., duement enregistré, il a fait citer, (*ou*) qu'il a

___

(1) Le prévenu peut comparaître par un fondé de pouvoir; dans ce cas, on exprime dans les qualités la comparution du prévenu ainsi : *Comparant par le sieur N..., demeurant à..., au nom et comme fondé de sa procuration spéciale, passée le..., devant M*e *..., notaire à...*

S'il n'y a pas de partie civilement responsable, ou de partie civile, on supprime dans les qualités, les débats et le jugement, tout ce qui a rapport à ces parties dans le présent modèle.

Il est inutile de faire observer que dans ce modèle, comme dans les autres, ce qui est mis en *italique*, ne sert que d'indication et ne doit pas s'insérer dans un acte véritable, et que quand plusieurs cas sont prévus dans le modèle, on doit choisir celui qui se rapporte à l'acte que l'on a à dresser ou au jugement que l'on a à rendre.

volontairement amené en ce tribunal, 1°. Pierre N..., pour avoir réparation de la contravention par lui commise à l'article...; 2°. et le sieur M..., comme civilement responsable de cette contravention ; sauf au Ministère public à prendre pour la vindicte publique, telles conclusions qu'il appartiendra (1).

L'huissier de service, (*ou*) le greffier (*s'il n'y a pas d'huissier*), fait l'appel des témoins, et les fait retirer dans la chambre qui leur est destinée.

Le Président demande au prévenu ses noms, prénoms, âge, profession, domicile, et le lieu de sa naissance.

Le prévenu répond : Je me nomme Pierre N..., né à..., âgé de... ans, (profession), domicilié à...

Le Président interroge Pierre N... sur la contravention dont il est prévenu.

N..., répond que (*mettre ici en très-peu de mots sa réponse*)...

Les témoins sont introduits et entendus en leurs déposisitions successivement et séparément les uns des autres, après avoir individuellement fait le serment de dire toute la vérité, rien que la vérité, et déclaré qu'ils ne sont parens ni alliés du prévenu, si ce n'est le sieur..., qui a déclaré être beau-frère du prévenu, et qui n'a été entendu que parce que ni le Ministère public, ni la partie civile ne se sont point opposés à son audition.

____

(1) Si dans les citations on n'a pas observé les délais et les formalités prescrites par l'art. 146 du Code d'instruction criminelle, ou si les exploits d'assignation manquent d'une formalité prescrite à peine de nullité, et que la partie intéressée à demander l'annullation de la citation, conclut à cette nullité, le tribunal la prononce, et il faut alors une nouvelle citation pour le saisir. La nullité doit se proposer avant l'ouverture des débats, autrement elle est couverte, et l'on n'est plus recevable ensuite à la faire valoir. Si la demande en nullité proposée en temps utile n'est pas fondée, le tribunal en la rejetant, ordonne qu'il sera à l'instant passé outre aux débats et au jugement.

(S'il y a opposition à l'audition de ce témoin, on procède et on statue ainsi) :

Le Ministère public, *(ou)* le sieur M..., partie civile, *(ou)* le prévenu, s'oppose à ce que le sieur..., beau-frère du prévenu, soit entendu comme témoin.

Le Tribunal, vû l'article 156 du Code d'instruction criminelle, lequel est ainsi conçu (*l'insérer*) :

Attendu qu'aux termes de cet article, les ascendans ou descendans de la personne prévenue, ses frères et sœurs ou alliés au même degré, sa femme ou son mari, même après le divorce prononcé, ne peuvent jamais être entendus en témoignage, quand, soit le Ministère public, soit la partie civile, soit le prévenu, s'y opposent ;

Ordonne que le sieur..., beau-frère du prévenu, ne sera point entendu.

Témoins cités, *(ou)* appelés par le Ministère public.

1°. Pierre A..., âgé de..., ans, (profession), demeurant à..., lequel déclare que... (*Le Greffier doit tenir note séparée et signée des principales dépositions de chaque témoin, par quelque partie qu'il soit produit*).

2°. etc.

Témoins cités, *(ou)* amenés par la partie civile.

1°. etc.

Témoins cités, *(ou)* amenés par le prévenu.

1°. etc.

Pendant les débats, les pièces de conviction ont été représentées au prévenu, à la partie civile, et à ceux des témoins qui s'en sont expliqués.

Le sieur M..., partie civile est entendu et conclut à...

Le sieur Pierre N..., prévenu, propose sa défense, et conclut à...

Le sieur L..., appelé comme civilement responsable, est entendu et conclut à...

Le Ministère public résume la cause, et requiert que...

Le prévenu propose ses observations.

1°. *Question et prononcé du jugement, dans le cas où il n'y a pas d'infraction.*

Le fait dont est prévenu Pierre N... est-il une infraction à la loi ?

Quelles sont celles des conclusions des parties qui sont fondées et qui doivent être adjugées ?

Le Tribunal, après avoir entendu la lecture du procès-verbal dressé le..., par ; ouïs les témoins dans leurs dépositions, le prévenu dans ses défenses, observations et conclusions, M..., appelé comme civilement responsable, et la partie civile en leurs conclusions respectives, ensemble le Ministère public en son réquisitoire ;

Jugeant en dernier ressort ;

Attendu que le fait imputé à Pierre N... ne constitue aucune infraction à la loi ;

Prononçant en vertu des articles 159 et 162 du Code d'instruction criminelle qui sont ainsi conçus (*les insérer*):

Annulle la citation, (*ou en cas de simple avertissement ou de comparution volontaire*) annulle la poursuite, ensemble tout ce qui a suivi ;

Faisant droit sur les conclusions de Pierre N... et de M..., contre la partie civile ,

Attendu que...

Condamne I...., partie civile, à payer à titre de dommages-intérêts, à Pierre N... , la somme de..., et à... M..., celle de...

Condamne, en outre, ledit I.... aux frais du procès tant envers l'État qu'envers lesdits N... et M...

2°. *Question et prononcé du jugement dans le cas où l'infration est un délit ou un crime.*

Le Tribunal de police est-il compétent pour connaître de l'infraction dont est prévenu Pierre N... ?

Le Tribunal, après avoir entendu , etc.

Jugeant en dernier ressort ;

Attendu que l'infraction dont est prévenu Pierre N... est un délit prévu par , (*ou*) un crime prévu par...

Prononçant conformément à l'article 160 du Code d'instruction criminelle, lequel est ainsi conçu (*l'insérer*) :

Renvoie les parties devant M. le Procureur du Roi près le Tribunal de première instance de ce département ;

Ordonne que le présent jugement sera exécuté à la diligence du Ministère public. ...

3°. *Question et prononcé du jugement dans le cas ou le Juge de paix seul doit connaître de l'infraction.*

Le Tribunal est-il compétent pour connaître de la contravention dont est prévenu Pierre N...?

Le Tribunal , après avoir entendu , etc.

Attendu qu'aux termes du §... des articles 139 et 166 du Code d'Instruction criminelle , la connaissance de la contravention dont est prévenu Pierre N... , est exclusivement attribuée au Tribunal de police présidé par le Juge de paix ;

Jugeant en dernier ressort ;

Se déclare incompétent , et renvoie les parties devant le Tribunal de police présidé par le Juge de paix de ce canton ;

Ordonne que le présent jugement sera exécuté à la diligence du Ministère public.

4°. *Question et prononcé du jugement dans le cas où la contravention n'est pas prouvée ;*

Pierre N... est-il coupable de la contravention dont il est prévenu ?

Quelles sont celles des conclusions des parties qui sont fondées et qui doivent être adjugées ?

Le Tribunal , après avoir entendu , etc ;

Jugeant en dernier ressort ;

Attendu qu'il n'est pas prouvé que...

Renvoie ledit Pierre N... de la prévention de contravention à l'article...

Faisant droit sur les conclusions dudit Pierre N... et de M..., contre L..., partie civile...

Attendu que...

Condamne L..., partie civile, à payer, à titre de dommages-intérêts, à Pierre N..., la somme de..., et à M..., celle de...

Le condamne, en outre, aux frais du procès, tant envers l'État, qu'envers N... et M... conformément à l'art. 162 du Code d'Instruction criminelle qui porte (*l'insérer*) :

5°. *Question et prononcé du jugement dans le cas ou la contravention est prouvée.*

Pierre N... est-il coupable de la contravention dont il est prévenu ?

M... doit-il est déclaré civilement responsable de cette contravention ?

Quelles sont celles des conclusions des parties qui doivent être adjugées ?

Le Tribunal, après avoir entendu, etc. ;

Jugeant en premier ressort (1) ;

Attendu qu'il résulte du procès-verbal sus-énoncé (*ou*) des débats, la preuve que... ;

Que cette infraction constitue une contravention prévue par l'article, (*ou*) par les articles... ;

Faisant application tant dudit, (*ou*) desdits articles, que des articles 161, 162 du Code d'instruction criminelle, 467, 469 et 470 du Code pénal, lesquels articles sont ainsi conçus (*les insérer*) :

Condamne Pierre N... à... jours d'emprisonnement, et, par corps, à... francs d'amende ;

---

(1) On exprime ici que le jugement est en premier ressort, parce que dans ce modèle il porte emprisonnement: mais, d'après l'article 172 du Code d'instruction criminelle, lorsqu'aucun emprisonnement n'est prononcé, ou que les amendes, restitutions et autres réparations civiles n'excèdent pas 5 francs, outre les dépens, le jugement n'étant pas susceptible d'appel, est en dernier ressort et on doit le qualifier ainsi.

Ordonne que (*désigner les objets*)... qui forment le corps de la contravention, (*ou*) qui sont produits par la contravention, (*ou*) qui ont servi, (*ou*) qui étaient destinés à commettre la contravention, seront et demeureront confisqués ; (*si le condamné est saisi des choses confisquées, on ajoute :*) Enjoint à cet effet, à Pierre N... de les représenter et déposer au greffe, (*ou*) à la mairie, dans les... jours du présent jugement ; sinon et faute par lui de ce faire, le condamne, dès-à-présent, par corps pour tenir lieu de ladite confiscation, à payer la somme de... entre les mains du Receveur de la Régie des domaines et de l'enregistrement ;

(*Si les choses séquestrées et frappées de confiscation doivent être détruites d'après la loi, le Tribunal prononce de cette manière*) : Ordonne que, conformément à l'article..., les... déposés au greffe, (*ou*) entre les mains du sieur..., séquestre, (*ou*) qui sont (*ou*) seront représentés par le prévenu, seront répandus, (*ou*) mis sous le pilon, (*ou*) détruits par le Greffier du Tribunal, (*ou*) par le sieur..., huissier, qui en dressera procès-verbal, lequel vaudra bonne et valable décharge au dépositaire ;

Faisant droit sur les conclusions de la partie civile ;

Attendu que... ;

Condamne Pierre N..., par corps, à payer au sieur L.... la somme de..., pour réparation de la contravention dont il est déclaré coupable ; et ce, suivant l'estimation du dommage contenue au procès-verbal qui constate le délit, (*ou*) d'après l'estimation du dommage que, conformément à l'article 148 du Code d'instruction criminelle, le Tribunal a fait faire par le sieur..., expert, (*ou*) que le Tribunal a faite d'office.

(*Si les objets saisis ou représentés par le prévenu appartiennent à la partie civile et sont susceptibles de restitution, parce qu'ils ne blessent pas les mœurs, qu'ils ne sont pas nuisibles, etc., au lieu d'en prononcer la confiscation comme on l'a fait plus haut dans ce modèle, le Tribunal statue ainsi :*)

Ordonne que... déposés au greffe (*ou*) entre les mains du sieur..., séquestre, (*ou*) représentés par le condamné, seront restitués à L....; à quoi faire, le Greffier, (*ou*) le sieur...., séquestre, sera contraint; et, quoi faisant, valablement quitte et déchargé (*Si le prévenu est détenteur des objets à restituer, le Tribunal prononce de cette autre manière*) : Condamne Pierre N... à restituer (*désigner les objets*).... à M..., sinon et faute de ce faire dans les... jours de la signification du présent jugement, le condamne, dès-à-présent, par corps, à payer à M... la somme de..., pour la valeur des objets non restitués;

Condamne Pierre N..., par corps, au remboursement des frais du procès, tant envers l'Etat qu'envers la partie civile; et néanmoins, conformément à l'art. 157 du décret du 18 juin 1811, ainsi conçu : (*l'insérer*) déclare L... partie civile personnellement tenu des frais faits par l'Etat, sauf son recours contre N..., prévenu, et contre M... civilement responsable (1).

Et attendu que la contravention commise par Pierre N... a eu lieu dans les fonctions auxquelles il était préposé par M...

(*Ou bien*) Vû l'article..., lequel est ainsi conçu (*l'insérer*) :

Attendu que par cet article, M... est déclaré civilement responsable de la contravention commise par Pierre N...

Condamne M... comme civilement responsable du fait dudit Pierre N..., solidairement avec lui, en tous les dommages-intérêts, indemnités, restitutions et frais auxquels Pierre N... a été condamné, tant envers l'Etat, qu'envers la partie civile;

(*S'il n'y a pas lieu à responsabilité civile, le Tribunal prononce, au contraire, ainsi*) :

Attendu que la contravention commise par Pierre... n'a

---

(1) Dans tous les cas où le prévenu est condamné aux frais envers l'Etat, la partie civile doit en être déclarée responsable.

pas eu lieu dans les fonctions auxquelles il était préposé par M..., (*ou*) que M... n'est pas déclaré par la loi responsable de la contravention commise par Pierre N...;

Renvoie M... de l'action à fins de responsabilité civile contre lui intentée, et condamne L..., partie civile, aux frais envers ledit M...;

Ordonne qu'en ce qui concerne la vindicte publique, le présent jugement sera exécuté à la diligence du Ministère public.

Fait et jugé en l'audience publique du Tribunal de police du canton de..., (*ou*) de la commune, (*ou*) ville de..., tenue le..., mil huit cent..., par M..., Juge de paix dudit canton, (*ou*) de ladite ville, (*ou*) par M..., Maire (*ou*) par M..., Adjoint de ladite commune, qui a signé la minute du présent jugement avec le sieur..., greffier.

Jugement par défaut.

(Si le prévenu, ou la personne civilement responsable, ou la partie civile ne comparaissent pas, on fait mention dans les qualités, qu'ils sont défaillans, et le jugement se prononce ainsi):

Le Tribunal, après avoir entendu la lecture du procès-verbal, etc., ouïs, etc. (*exprimer l'audition des témoins et celle des parties comparantes*), ensemble le Ministère public, etc.;

Donne défaut contre Pierre N..., prévenu, (*ou*) contre M..., civilement responsable, (*ou*) contre L..., partie civile, non comparant, quoique dûment cité et appelé, et pour le profit;

Jugeant en premier (*ou*) en premier et dernier ressort;

Attendu, etc. (*Le reste comme dans les jugemens contradictoires. Si c'est la partie civile qui fait défaut, et que le prévenu soit déclaré coupable et condamné à des peines, on ne l'en renverra pas moins de l'action privée s'il y conclut, et faute par la partie civile, d'avoir continué de poursuivre sur cette action).*

Jugement sur opposition du prévenu à un jugement par défaut.

LOUIS-PHILIPPE, Roi des Français, etc.

Le Tribunal, etc.

Entre Pierre N..., etc., prévenu et opposant, comparant en personne, (*ou*) défaillant, d'une part ;

M. le Maire, etc., exerçant les fonctions, etc., défendeur à ladite opposition, d'autre part ;

Et le sieur L..., etc., partie civile, aussi défendeur à ladite opposition, d'autre part ;

En présence du sieur M..., etc., comme civilement garant et responsable des faits du prévenu, encore d'autre part.

La cause appelée, le prévenu expose qu'un jugement contre lui rendu par défaut en ce Tribunal, le..., déclare que le Tribunal est incompétent pour connaître de l'infraction dont il est prévenu, (*ou bien*) condamne l'opposant à..., comme coupable de contravention à l'article... ; qu'il s'est rendu opposant à l'exécution de ce jugement par déclaration en réponse au bas de l'acte de signification de ce jugement, (*ou*) par exploit de..., huissier, en date du..., duement enregistré, notifié tant au Ministère public qu'à la partie civile, et à M..., civilement responsable.

(*Débats dans le cas où, soit le Ministère public, soit la partie civile prétendent que l'opposition n'est pas recevable, qu'elle est non avenue, ou qu'elle est nulle*).

Le Ministère public, (*ou*) le sieur L..., partie civile, conclut à...

Le prévenu conclut à...

L'opposition de Pierre N... à l'exécution du jugement contre lui rendu en ce Tribunal, le..., est-elle non-recevable, (*ou*) non avenue, (*ou*) nulle ?

(1°. *Jugement dans le cas où l'opposition n'est pas recevable*).

Le Tribunal, ouïs, etc...

Vû l'article 150 du Code d'instruction criminelle, lequel est ainsi conçu : (*l'insérer*)

Attendu que le jugement par défaut rendu le..., en ce Tribunal, contre Pierre N..., lui a été signifié par exploit du..., et qu'il n'y a formé opposition que par exploit du..., c'est-à-dire plus de trois jours après ladite signification.

Jugeant en premier, (*ou*) en premier et dernier ressort ; (*L'emploi de l'une ou de l'autre de ces deux mentions dépend de la nature des condamnations portées par le jugement par défaut*).

Déclare Pierre N... non-recevable dans son opposition, et le condamne aux frais de l'opposition, tant envers l'Etat, qu'envers L..., partie civile ;

(*2°. Jugement dans le cas où l'opposition est non-avenue*).

Attendu qu'aux termes de cet article, l'opposition formée à un jugement du tribunal de police rendu par défaut, emporte, de droit, citation à la première audience après l'expiration des délais, et qu'elle est réputée non-avenue si l'opposant ne comparait pas ;

Attendu que la présente audience est la première après l'expiration des délais, et que Pierre N... n'a pas comparu, quoique duement appelé ;

Donne défaut contre lui, et pour le profit, jugeant en premier, (*ou*) en premier et dernier ressort, déclare l'opposition de Pierre N... non-avenue, et le condamne aux frais de l'opposition, tant envers l'Etat, qu'envers L..., partie civile ;

(*3°. Jugement dans le cas où l'opposition est nulle*).

Vû l'article..., lequel est ainsi conçu (*l'insérer*):

Attendu que l'exploit contenant l'opposition de Pierre N... manque des formalités prescrites par cet article, à peine de nullité, en ce que...

Jugeant en premier, (*ou*) en premier et dernier ressort, déclare ladite opposition nulle et de nul effet, et condamne

Pierre N... aux frais de l'opposition, tant envers l'Etat, qu'envers L...., partie civile.

(4°. *Jugement dans le cas où l'opposition est valable*).

Attendu que l'opposition formée par Pierre N... au jugement rendu contre lui par défaut en ce Tribunal, le..., est faite dans le délai voulu par la loi, (*ou*) que le prévenu est comparu à la première audience après l'expiration des délais, (*ou*) que l'exploit contenant l'opposition par lui formée est régulière, en ce que...

Jugeant en dernier ressort ;

Sans s'arrêter à la fin de non-recevoir, (*ou*) à la nullité proposée par le Ministère public, (*ou*) par L...., partie civile, dans laquelle ils sont déclarés mal fondés, ordonne que pour être statué sur ladite opposition, il sera passé outre aux débats.

(*Débats au fond.*)

En conséquence, le Greffier fait lecture du procès-verbal, etc. (*Les débats se font et se constatent comme cela est détaillé dans le premier jugement*).

Le Tribunal, en faisant droit sur l'opposition de Pierre N..., doit-il maintenir ou rétracter son jugement ?

Le Tribunal, après avoir entendu lecture du procès-verbal, etc., ouïs les témoins, etc., ensemble le Ministère public, etc. ;

Reçoit Pierre N.... opposant au jugement par défaut contre lui rendu en ce Tribunal, le...

Faisant droit sur ladite opposition et jugeant en premier, (*ou*) en premier et en dernier ressort. (*L'emploi de l'une ou de l'autre mention dépend de la nature de la condamnation prononcée par le premier ou par le second jugement*).

(*Jugement*).

(1°. *Jugement dans le cas où le premier jugement est maintenu*).

Par les motifs exprimés au jugement du..., et s'y référant ;

Déboute Pierre N... de son opposition ; ordonne que ce jugement sera exécuté purement et simplement, selon sa forme et teneur, et condamne Pierre N... aux frais de l'opposition, tant envers l'État, qu'envers L...., partie civile.

(*Le Tribunal doit prononcer absolument d'après les mêmes motifs et de la même manière, quand même, par le résultat des nouveaux débats, il reconnaît que l'infraction constitue un crime ou un délit correctionnel, ou qu'il a été appliqué à la contravention une peine inférieure à celle de la loi, parce que l'action publique est épuisée, et que le prévenu n'a pas formé son opposition pour faire aggraver son sort ; c'était au Ministère public à se pourvoir pour violation des règles de la compétence, ou pour fausse application ou violation de la loi*).

(2°. *Jugement dans le cas où l'on reconnaît une contravention moins grave*).

. . Attendu que, par le jugement du..., Pierre N... a été déclaré convaincu de contravention à..., et que par le résultat des nouveaux débats, il n'est coupable que de contravention à...

Rétractant ledit jugement, et prononçant par jugement nouveau ;

Faisant application des articles, etc., condamne, etc. (*Le reste comme dans le modèle du jugement de condamnation*).

(3°. *Jugement dans le cas où la peine est réduite*).

Par les motifs exprimés au jugement du..., et s'y référant ;

Déboute Pierre N... de son opposition ; ordonne que ce jugement sera exécuté selon sa forme et teneur ;

Et néanmoins, attendu la preuve de circonstances atténuantes, résultant des nouveaux débats et de la défense de N..., réduit l'emprisonnement à...jours, et l'amende à...

(*Dans le cas où le prévenu est reconnu coupable d'une contravention moins grave, ou dans celui où des circonstances atténuantes résultent des nouveaux débats, le Tribunal peut réduire*

*les dommages-intérêts et les indemnités, s'ils se trouvent dispro-
portionnés au tort causé à la partie civile ; mais , dans aucun cas,
les peines ne peuvent être réduites au-dessous du minimum fixé
par la loi).*

(4°. *Jugement dans le cas où il n'existe pas d'infraction*).

Attendu que le fait imputé à Pierre N... ne constitue aucune infraction à la loi ;

Jugeant en dernier ressort ;

Décharge Pierre N... des condamnations contre lui prononcées par le jugement du..., statuant au principal , et
prončant en vertu des articles 159 et 162 du Code d'instruction criminelle , etc. ;

Annulle la citation. (*Le reste comme dans le modèle du jugement qui annulle la citation*).

Fait et jugé , etc.

Jugement sur opposition de la partie civile à un jugement par défaut.

LOUIS-PHILIPPE , etc.

Le Tribunal, etc.

Entre le sieur L...., etc., partie civile et opposant, comparant en personne , (*ou*) défaillant, d'une part ;

Pierre N..., etc., prévenu, comparant, etc., d'autre
part ;

Et M..., etc., civilement garant et responsable des faits du
prévenu , aussi d'autre part ;

En présence de M. le Maire , etc., exerçant les fonctions,
etc. , encore d'autre part.

La cause appelée , le sieur L... expose qu'un jugement
contre lui rendu par défaut en ce Tribunal , le..., a renvoyé
de l'action privée par lui intentée, Pierre N..., prévenu de
contravention à l'article..., et M..., civilement responsable
des faits du prévenu , (*ou*) a condamné l'opposant à... francs
de dommages-intérêts envers Pierre N..., prévenu , et M...
civilement responsable ; qu'il s'est rendu opposant, etc.

(Le reste de l'exposé se fait comme dans le modèle relatif à l'opposition du prévenu).

(Pour le jugement des fins de non-recevoir, des nullités et du fond, on doit se diriger d'après les divers modèles ci-dessus. On fera ici une seule observation, c'est que le Tribunal, soit qu'il adjuge, soit qu'il refuse des dommages-intérêts à la partie civile sur son opposition, ne peut rien changer à son premier jugement ence qui concerne la compétence, l'absolution du prévenu ou l'application des peines, parce que l'action publique est épuisée, et que l'opposition de la partie civile n'est et ne peut être formée que dans l'intérêt privé).

Jugement contre un témoin défaillant.

(1°. Jugement dans le cas d'un premier défaut).

L'Huissier de service fait l'appel des témoins.

Le sieur François A..., (profession), demeurant à..., témoin cité à la requête du Ministère public, (*ou*) de L..., partie civile, (*ou*) de Pierre N..., prévenu, (*ou*) de M..., civilement garant et responsable, ne répond pas à l'appel.

Le Ministère public conclut, à l'égard de ce témoin, à...

Le Tribunal, ouï le Ministère public en ses conclusions ; attendu que François A...., témoin régulièrement cité, n'a ni comparu, ni justifié d'aucun empêchement légitime ;

Vu les articles 80 et 157 du Code d'instruction criminelle, qui sont ainsi conçus (*les insérer*) :

Jugeant en premier et en dernier ressort ;

Condamne ledit A... à..., francs d'amende et aux frais de l'incident ; (*Si le témoin est indispensable, le Tribunal ajoute :*) et continue la cause à..., jour auquel il sera cité de nouveau ;

Ordonne que le présent jugement sera exécuté à la diligence du Ministère public.

(2°. Jugement dans le cas d'un second défaut).

L'Huissier de service fait l'appel des témoins.

Le sieur François A...., (profession), demeurant à...., témoin cité pour la seconde fois à la requête de, etc., ne répond pas à l'appel.

Le Ministère public conclut, à l'égard de ce témoin, à...

Le Tribunal, ouï le Ministère public en ses conclusions ;

Attendu que François A...., témoin régulièrement cité pour la seconde fois, n'a ni comparu, ni justifié d'aucun empêchement légitime ;

Vû les articles 80 et 157 du Code d'instruction criminelle, etc. ;

Jugeant en premier et en dernier ressort ;

Condamne ledit A... à... francs d'amende et aux frais de l'incident ; ordonne en outre qu'il sera contraint par corps à venir faire sa déposition sur-le-champ à la présente audience, (*ou*) à l'audience du..., jour auquel le Tribunal continue la cause ;

Ordonne que le présent jugement sera exécuté à la diligence du Ministère public.

(3°. *Jugement sur l'excuse proposée par le témoin*).

L'Huissier fait l'appel des témoins. Le sieur François A...., témoin cité à la requête de, etc., comparaît ou est amené en vertu du jugement du...

(*Ou bien si la comparution a lieu à une audience subséquente*) : Est comparu le sieur François A...., (*ou bien*) le sieur G...., au nom et comme fondé de la procuration spéciale du sieur François A...., passée devant Me...., Notaire à...., le...., représentée et déposée sur le bureau ;

Ledit sieur François A...., (*ou*) G...., audit nom, expose que..., et demande en conséquence que ledit A... soit excusé et déchargé des condamnations contre lui prononcées par le jugement du...

Le Ministère public conclut à...

Le Tribunal, ouï François A...., (*ou*) G...., au nom et comme fondé de la procuration de François A...., ensemble le Ministère public en ses conclusions ;

Vû l'art. 158 du Code d'instruction criminelle, lequel est ainsi conçu (*l'insérer*) :

(*Prononcé du jugement dans le cas de justification*).

Attendu que....

Qu'ainsi François A.... justifie d'un empêchement légitime ;

Jugeant en premier et en dernier ressort ;

Le décharge purement et simplement des condamnations contre lui prononcées par le jugement du....

(*Dans le cas de non justification*).

Attendu que....

Qu'ainsi François A.... ne justifie pas d'un empêchement légitime ;

Sans s'arrêter ni avoir égard aux moyens d'excuse par lui proposés,

Jugeant en premier et en dernier ressort ;

Ordonne que le jugement rendu contre lui le...., sera exécuté purement et simplement, selon sa forme et teneur ;

(*Dans le cas de circonstances atténuantes*).

Ordonne que le jugement contre lui rendu le...., sera exécuté selon sa forme et teneur ; et néanmoins, attendu les circonstances atténuantes qui résultent de la justification de François A...., réduit l'amende prononcée par ledit jugement, à...

Ordonne que le présent jugement sera exécuté à la diligence du Ministère public.

Fait et jugé, etc.

N°. 13.

Réquisitoire pour faire amener en vertu de jugement un témoin défaillant.

Nous Maire, (*ou*) Adjoint, (*ou*) Commissaire de police, (*ou*) Membre du conseil municipal de la commune (*ou*) ville de... exerçant les fonctions du ministère public près le tribunal de police du canton de... (*ou*) de la commune (*ou*) ville de...

Vû le jugement de ce tribunal, en date du... qui ordonne que le sieur François A... (profession), demeurant à..., sera contraint de venir sur-le-champ, (*ou*) à l'audience du... donner son témoignage dans le procès de Pierre N...

Requérons tous huissiers ou agens de la force publique, d'appréhender au corps ledit sieur François A... et de le conduire en l'audience de police conformément au jugement sus-énoncé.

Requérons tous dépositaires de la force publique de prêter main-forte en cas de nécessité pour l'exécution du présent.

Fait à... le...

<h1 style="text-align:center">N°. 14.</h1>

Réquisitoire pour exécution d'un jugement de police.

Nous Maire, (*ou*) Adjoint, (*ou*) Commissaire de police, (*ou*) Membre du conseil municipal de la commune (*ou*) ville de... exerçant les fonctions du ministère public près le tribunal de police du canton (*ou*) de la commune (*ou*) ville de...

En vertu du jugement de ce tribunal, en date du... (1) lequel condamne le nommé Pierre N..., né à..., âgé de..., (profession), demeurant à..., à un emprisonnement de... jours ;

Requérons tous huissiers ou agens de la force publique, de conduire et écrouer ledit Pierre N... dans la prison de cette commune, (*ou*) dans la prison du chef-lieu du canton

---

(1) Mentionner si le jugement est par défaut ou contradictoire, s'il a été signifié, qu'il n'est plus susceptible d'opposition, d'appel et de pourvoi en cassation, ou que le condamné a renoncé à se pourvoir et demandé l'exécution.

sise à..., (*ou*) dans celle des prisons de Paris qui sera désignée au porteur du présent par M. le Procureur du Roi près le tribunal de première instance de la Seine ;

Mandons et ordonnons au gardien de ladite prison de recevoir et garder ledit Pierre N... pendant le temps déterminé par le jugement sus-énoncé ;

Requérons tous dépositaires de la force publique de prêter main-forte en cas de nécessité, pour l'exécution du présent.

Fait à... le...

N°. 15.

EXTRAITS des jugemens portant peine d'emprisonnement, qui ont été rendus pendant le..., trimestre de l'an..., par le tribunal de police du canton de..., (ou) de la commune (ou) ville de...

N°s. d'ordre.	Noms, profession, âge, domicile et lieu de naissance des condamnés.	Noms, prénoms, profession et demeure de la personne lésée	Nature de la contravention.	Lieu de la contravention.	Lois appliquées.	Condamnations prononcées.
1.	Pierre N..., né à..., âgé de... ans (profession), demeurant à...	François L..., (profession), demeurant à...	Blessure d'un cheval, occasionnée par l'emploi d'un fusil, sans précaution.	Paris, quartier de... rue de... (ou) commune de...	§. 3 de l'art. 479, et art. 480 du Code pénal.	3 jours d'emprisonnement. 15 francs d'amende. Confiscation du fusil; 15 francs de dommages et intérêts. Frais du Procès.
2.	Jean - Pierre A..., etc.	Point de partie lésée.	Négligence dans le nétoyage de la voie publique, *en récidive.*	Paris, quartier de... rue de... (ou) commune de...	§. 3 de l'art. 471, et art. 474 du Code pénal.	1 jour d'emprisonnement. 5 francs d'amende; Et frais.
3.	....	....	....	....	....	....

Pour extraits délivrés par nous Greffier du tribunal de police du canton (*ou*) de la commune (*ou*) ville de..., pour être transmis à M. le Procureur du Roi, conformément à l'art. 178 du Code d'instruction criminelle.

Fait à... le...

Certificat négatif.

Nous Juge de paix du canton (*ou*) ville de..., (*ou*) Maire de la commune de...

Certifions que pendant le... trimestre de l'an..., il n'a été rendu par le tribunal de police de ce canton (*ou*) de cette commune (*ou*) ville, aucun jugement portant peine d'emprisonnement.

En foi de quoi j'ai délivré le présent certificat pour être transmis à M. le Procureur du Roi, conformément à l'art. 178 du Code d'instruction criminelle.

Fait à... le...

N°. 16.

Procédure en cas de flagrant délit.

1°. *Dénonciation* (1).

L'an..., le..., heure...

Pardevant nous (*indiquer la qualité de l'officier qui reçoit la dénonciation*), officier de police, auxiliaire de M. le Procureur du Roi ;

Est comparu le sieur Jacques M..., (profession) demeurant...

(*Ou bien, si la dénonciation est faite par un fondé de procuration*), est comparu le sieur Jean L..., (profession), demeurant à..., au nom et comme fondé de la procuration spéciale du sieur Jacques M... (profession), demeurant à...,

---

(1) Voyez plus loin le modèle de plainte en tête des actes faits sur la réquisition d'un chef de maison.

Les formalités de la dénonciation et de la plainte doivent être les mêmes dans les cas autres que ceux du flagrant délit ou de la réquisition du chef de maison.

laquelle procuration passée devant Mᵉ..., notaire à..., le...,
est demeurée annexée au présent, (*dans le narré des faits au
lieu de faire parler le comparant personnellement, on le fait parler
au nom de son commettant*) ;

Lequel nous a requis (audit nom, *si la dénonciation est
faite par un fondé de procuration*) de recevoir la dénonciation
des faits ci-après détaillés, ce que nous avons fait sur la déclaration du comparant, ainsi qu'il suit :

Cette nuit, vers une heure du matin, en rentrant dans
ma maison, j'ai, de la cour, aperçu de la lumière dans l'appartement du sieur N... qui demeure au-dessous de moi
dans le même escalier ; en passant sur son carré, à l'aide
de la lumière donnée par le portier à mon domestique dont
j'étais accompagné, j'ai vu que la clé de l'appartement du
sieur A... était à la porte ; craignant qu'il ne lui fut arrivé
quelque accident, je suis entré ; à peine avais-je fait quelques pas, qu'au-devant de moi s'est précipité un individu
inconnu qui était tout couvert de sang et qui a voulu se faire
faire passage. Mon domestique et moi, nous lui avons barré
le chemin, nous avons lutté contre lui en appelant du secours, et à nos cris sont arrivés le portier et plusieurs voisins qui nous ont aidés à nous assurer de cet inconnu. Etant
ensuite entrés dans l'appartement du sieur A..., nous l'avons
vu dans son lit, percé de coups et rendant les derniers
soupirs.

En conséquence, je suis venu sur-le-champ vous dénon-
cer l'attentat qui a été commis sur sa personne.

Lecture faite au comparant de sa dénonciation, il y a
persisté et l'a affirmée sincère et véritable (audit nom, *si
le comparant n'est que fondé de procuration*), et il l'a signée
avec nous à chaque feuillet ; (*ou*) interpellé de signer, il
a déclaré ne le savoir, et nous avons signé à chaque
feuillet.

*Si la dénonciation est rédigée par le dénonciateur ou son fondé
de pouvoir, elle est faite et reçue dans la forme suivante :*

A Monsieur (*indiquer la qualité de l'officier*), officier de police, auxiliaire de M. le Procureur du Roi,

Le sieur Jacques M..., etc. (*ou*) le sieur Jean L..., au nom et comme fondé de la procuration, etc.,

Expose les faits suivans :

Cette nuit, etc.

Fait à..., le..., an mil huit cent...

(*Signature à chaque feuillet et au bas de la dénonciation*).

(*L'Officier de police met à la suite l'acte suivant*) :

L'an..., le..., heure...

Pardevant nous (*indiquer la qualité de l'officier*), officier de police, auxiliaire du Procureur du Roi,

Est comparu le sieur Jacques M..., etc., (*ou*) le sieur Jean L..., au nom et comme fondé de la procuration, etc.

Lequel nous a remis et déposé la dénonciation ci-dessus, toute rédigée et signée par lui à chaque feuillet; (*ou si le rédacteur ne sait signer*), lequel nous a remis, non signée, la dénonciation ci-dessus, de laquelle sur sa réquisition nous lui avons donné acte.

Lecture à lui faite de cette dénonciation, il y a persisté, l'a affirmée sincère et véritable (audit nom, *si le comparant est un fondé de procuration*).

Nous avons signé ladite dénonciation à chaque feuillet, et le comparant a déclaré ne savoir (*ou*) ne pouvoir signer, (*ou bien*) a signé avec nous le présent dont lecture lui a été préalablement faite (1).

2°. *Procès-verbal.*

L'an..., le,..., heure de...

Nous (*exprimer la qualité de l'officier qui procède*), officier de police, auxiliaire de M. le Procureur du Roi;

---

(1) Si la plainte a un crime de faux pour objet, on fait signer et parapher, et l'on signe et paraphe de même, à toutes les pages, les pièces arguées de faux et celles de comparaison que dépose le dénonciateur ou le plaignant, et l'on énonce l'observation de cette formalité, ou la déclaration de ne savoir ou pouvoir signer et parapher.

Instruits par la dénonciation à l'instant faite devant nous par le sieur Jacques M..., (*si l'avis vient d'une autre part, on met*) ; par la plainte rendue devant nous le... (*ou*) par l'avis qui nous a été donné, (*ou*) par la voix (*ou*) clameur publique, qu'un homicide venait de se commettre sur la personne du sieur A..., domicilié dans une maison sise en cette commune, (*ou*) ville, rue..., n°.,

Procédant en cas de flagrant-délit conformément aux articles 32 et 48 (*ajouter l'article 50, quand c'est ou un Maire, ou un Adjoint de Maire, ou un Commissaire de police qui agit*) du Code d'instruction criminelle ;

Nous nous sommes transportés dans ladite maison dont nous avons fait garder l'extérieur et les issues avec défense à qui que ce soit de sortir de la maison et de s'éloigner du lieu jusqu'après la clôture de notre procès-verbal, sous les peines de l'art. 34 du même Code.

Montés au premier étage par un escalier à droite au fond de la cour, nous avons été introduits dans un appartement composé de cinq pièces, donnant sur la cour et sur un jardin dépendant de la maison, où nous avons trouvé réunis, 1°. le nommé Jean E..., domestique du sieur A... ; 2°. les sieurs Louis G... et Jean H..., voisins, demeurant dans la maison ; 3°. et un individu que l'on nous a désigné comme étant celui arrêté par le sieur Jacques M..., dénonciateur et par son domestique.

Sur notre interpellation cet individu nous a déclaré se nommer Nicolas B..., etc.

Nous l'avons remis entre les mains de la force publique, en recommandant de veiller à ce qu'il ne communique avec personne, et ne jette ou ne détruise rien de suspect.

En présence, tant de cet individu que des personnes ci-dessus nommées, nous avons constaté le corps du délit et ses circonstances ainsi qu'il suit :

Dans une troisième pièce donnant sur le jardin et servant de chambre à coucher, nous avons vu sur un lit dont les draps, la couverture et les matelas étaient inondés de sang, un cadavre du sexe masculin que le nommé E..., domestique et les sieurs G... et H..., voisins du sieur A..., nous ont déclaré être celui dudit sieur A... (1)

Ce cadavre était couché sur le dos; il était vêtu d'une simple chemise et coiffé d'un bonnet de coton. La chemise et le bonnet sont ensanglantés : la chemise est, de plus, percée de plusieurs trous dans la partie antérieure.

Le sang avait jailli jusque sur la muraille du côté de la ruelle.

Par terre, à peu de distance du lit, était un poignard, teint de sang, à manche de bois d'ébène, dont la lame est de... centimètres de longueur, et ne porte aucun nom ou marque de fabricant.

Sur une commode placée à droite en entrant dans la chambre à coucher, était posée une lanterne sourde, toute neuve, en ferblanc et garnie d'un verre, lequel se cache au moyen d'une plaque de ferblanc qui se rabbat par-dessus : dans cette lanterne était un bout de bougie éteint et presque consumé.

Requis par nous de procéder à l'examen des causes de la mort du sieur A..., les sieurs..., docteurs, l'un en médecine, l'autre en chirurgie, ont prêté entre nos mains le serment de faire leur rapport en leur honneur et conscience.

Leur examen terminé, ils nous ont rapporté qu'inspection faite de l'extérieur du cadavre, ils ont reconnu...;

Qu'ouverture faite du cadavre (2), ils ont trouvé...;

Qu'ayant sur notre réquisition rapproché de *telles* et *telles* blessures les coupures de la chemise dont est vêtu le défunt,

---

(1) Enoncer si l'inculpé reconnaît aussi l'identité de la personne homicidée.

(2) Ne pas oublier que d'après la circulaire, l'ouverture ne doit, à moins de mort évidente, se faire qu'après le délai de 24 heures, et qu'à moins d'urgence, il faut préalablement avertir le Procureur du Roi et attendre ses instructions.

ils ont reconnu que ces coupures correspondaient à ces blessures par leur situation et leur direction, qu'elles avaient la même longueur et étaient faites par le même instrument tranchant ;

Qu'ayant également sur notre réquisition, rapproché la lame du poignard trouvé dans la chambre, des mêmes plaies et coupures, ils ont reconnu que la largeur de la lame était de la longueur des plaies et coupures ;

Que d'après toutes ces observations, ils estiment que *telles* et *telles* blessures n'étaient pas mortelles, que *telles* et *telles* étaient essentiellement mortelles et ont causé une mort très-prompte ;

Que *telles* et *telles* blessures ainsi que *telles* coupures de la chemise ont été produites par le même instrument tranchant, et que cet instrument est le poignard en question ;

Que le nombre des blessures et surtout la multitude des écorchures qui se voient au visage et aux mains du défunt, font présumer qu'il a cherché à se défendre contre son assassin.

Nous avons requis les hommes de l'art de visiter l'inculpé arrêté ; ce qu'ayant effectué, ils nous ont rapporté que son visage, ses mains, son habit, son gilet, sa chemise et sa cravate sont ensanglantés, ce que nous avons nous-mêmes vérifié ; qu'il existe à sa main droite et à son poignet gauche plusieurs écorchures, et à *tels* et *tels* doigts de la main des traces de morsures ; que ces écorchures et morsures sont tellement récentes, qu'elles sont encore sanguinolentes.

Ce rapport terminé, nous avons observé qu'il n'existait dans les divers objets et meubles de l'appartement aucune effraction ou dérangement qui pût faire présumer qu'on y eut volé ou qu'on eut eu le temps d'y voler.

Voulant constater comment on avait pénétré dans l'appartement, nous avons remarqué qu'il n'existait à la porte d'entrée aucune trace d'effraction. Une clé était dans la serrure à l'extérieur. Cette clé n'étant ni neuve ni nouvellement limée, et s'ajustant d'ailleurs très-bien à la serrure qui est une serrure de sûreté, nous avons présumé que cette clé était la véritable clé de la serrure.

Instruit qu'une porte qui donne du jardin sur la rue, avait été trouvée entr'ouverte, et présumant que l'assassin était entré par ce côté dans la maison, le jardin n'étant séparé de la cour que par un mur d'appui dans lequel est une porte fermant seulement au loquet, nous nous sommes rendus à la porte de ce jardin par l'extérieur pour ne point effacer ni confondre les empreintes de pas qu'aurait pu laisser l'assassin dans l'intérieur du jardin.

La rue étant pavée nous n'avons rien vu au dehors ; mais dans une des allées qui conduisent intérieurement de la porte du jardin à la maison, nous avons remarqué sur la terre amollie par la pluie qui a tombé hier, des empreintes de pas qui se dirigeaient de la porte à la maison ; que ces empreintes toutes de même grandeur appartenaient à deux souliers différens, les unes portant l'empreinte de 3o clous au talon, les autres ne portant au talon que 28 clous et une empreinte de clou manquant au milieu du talon.

Nous avons fait déchausser Nicolas B..., et nous avons vu que le soulier de son pied gauche s'adaptait parfaitement aux empreintes où se voit la trace de 3o clous, et que le soulier de son pied droit s'adapte aussi parfaitement aux empreintes où est la trace de 28 cloûs, qu'à ce soulier il manque un clou à la même place qu'à ces dernières empreintes (1).

Nous avons ensuite fait fouiller Nicolas B..., il ne s'est trouvé sur lui qu'un passe-partout que nous avons essayé à la porte du jardin, et qui l'ouvre avec peu de difficulté.

-----

(1) Dans le cas où l'inculpé n'est pas arrêté, on prend la dimension des pas avec une feuille de papier qu'on découpe dessus, et avec de l'encre on y figure les empreintes de clous. Cette feuille est comparée avec la chaussure de l'inculpé s'il est arrêté ultérieurement.

En présence de l'inculpé nous nous sommes emparé, pour servir à conviction, de la chemise, du bonnet de coton, des draps et de la couverture du lit du défunt, du poignard, de la lanterne, de la clé de l'appartement, du passepartout saisi sur Nicolas B..., de l'habit, du gilet et des souliers de l'inculpé, à qui nous en avons fait fournir d'autres par le sieur..., marchand fripier, rue... (*Dans ce dernier cas, les vêtemens sont payés sur la taxe qui en est faite*).

Nous avons renfermé les objets par nous saisis dans un sac de toile, que nous avons fermé au moyen d'une corde sans nœuds, aux deux bouts de laquelle nous avons adapté une feuille de papier, au moyen de cire à cacheter rouge, que nous avons scellée de notre sceau. Sur notre interpellation, B..., inculpé, a signé et paraphé avec nous cette bande de papier, (*ou*) a déclaré ne vouloir la signer et parapher, ce dont nous avons fait mention sur ladite bande.

Personne ne pouvant nous donner les renseignemens nécessaires pour la rédaction de l'acte de décès du sieur A..., et étant instruits par le sieur G..., l'un des voisins présens, que l'acte de naissance du sieur A..., était renfermé dans son secrétaire, nous avons ouvert ce meuble à l'aide de la clé que nous avons trouvée dans la poche du pantalon du défunt, et nous avons trouvé dans un des tiroirs, ledit acte de naissance, duquel il résulte que le sieur A... porte les prénoms de..., et qu'il est né a..., le..., du sieur... et de la demoiselle..., son épouse.

Les sieurs G... et H... nous ont déclaré que le défunt n'avait jamais été marié, et que ses père et mère étaient décédés sans qu'ils pussent indiquer le lieu ni le temps de leur décès.

Nous avons averti le juge de paix de cet arrondissement, (*ou*) canton, du décès du sieur A..., à l'effet par lui d'apposer les scellés à la conservation des droits de qui il appartiendra, et à son arrivée nous lui avons remis la clé du secrétaire (*si c'est le juge de paix lui-même qui procède, il ap-*

pose les scellés immédiatement après avoir constaté le délit, et par un procès-verbal séparé et rédigé selon les formes civiles).

Nous avons dressé le présent procès-verbal, en présence de..., maire (*ou*) adjoint du maire (*ou*) commissaire de police (*ou*) en présence des sieurs..., tous deux domiciliés dans cette ville (*ou*) commune, par nous requis (*ou bien encore*) sans assistance de témoins, n'ayant pû nous en procurer sur-le-champ.

Lecture faite du procès-verbal aux inculpés et aux personnes y dénommées, ils l'ont signé avec nous, excepté... qui a déclaré ne savoir (*ou*) ne pouvoir (*ou*) ne vouloir signer, de ce interpellé (1). (*Signatures.*)

Nous nous sommes transportés de suite, heure de..., dans le domicile de Nicolas B..., rue..., et là, en sa présence, nous avons fait une perquisition dans tous les lieux qui dépendent de sa location, et nous n'y avons rien trouvé, si ce n'est un billet sans signature, portant son adresse, qui était caché derrière la glace, et qui contient ces mots : *Retardez jusqu'à demain soir; je vous en dirai la raison demain matin, à notre rendez-vous ordinaire.*

Sur notre réquisition, Nicolas B... a signé et paraphé avec nous le billet, dont nous nous sommes saisis.

Nous avons dressé le présent procès-verbal (*le reste de la clôture comme dans le procès-verbal*). (*Signatures.*)

D'après l'interrogatoire de Nicolas B..., rédigé séparément du présent procès-verbal, des soupçons graves s'élevant sur Jacques D..., neveu du défunt, nous (*insérer la qua-*

---

(1) Si les opérations étaient telles qu'elles ne pussent se consigner toutes dans le même procès-verbal, il faudra dresser un procès-verbal séparé des opérations qui ne pourraient s'y consigner, en observant pour chaque procès-verbal les mêmes formalités et en évitant d'y confondre ce qui doit se consigner dans la plainte ou dénonciation, dans l'information et dans les interrogatoires, sauf à compléter ces actes par des actes supplémentaires.

lité de l'officier de police judiciaire) nous sommes transportés sur-le-champ, lesdits jour et an..., heure de..., à son domicile, rue.... Cet individu étant absent, nous avons fait ouvrir la porte de son logement par le sieur..., serrurier, rue..., par nous requis; nous avons fait dans tous les lieux dépendant de la location de D..., une perquisition par l'effet de laquelle nous n'avons rien trouvé de suspect.

Jacques D... ayant été arrêté en vertu de notre mandat d'amener, pendant le cours de nos opérations, immédiatement après son interrogatoire, nous l'avons confronté au cadavre de son oncle, dans le domicile duquel nous sommes retournés. A la vue de ce cadavre, il a pâli et s'est troublé; nous lui avons demandé s'il le reconnaissait, il nous a déclaré, en balbutiant, que c'était celui de son oncle, et que ses assassins étaient bien criminels.

Nous avons dressé le présent procès-verbal, etc. (*le reste de la clôture comme dans le premier procès-verbal*).

Et attendu que Nicolas B... est inculpé d'être auteur de l'assassinat du sieur Jean-Baptiste A...; que Jacques D... est inculpé de s'être rendu complice de ce crime, en provoquant, par promesse, B... à le commettre, et en lui procurant les instructions et moyens de le consommer, nous avons ordonné qu'ils resteront sous la main de Justice en état de mandat d'amener, et que les pièces seront transmises à M. le Procureur du Roi.

Fait à....

3°. *Information.*

L'an..., le..., heure de...

Nous (*Indiquer la qualité de l'officier qui procède*), Officier de police, auxiliaire de M. le Procureur du Roi,

Procédant, en cas de flagrant délit, par suite de notre procès-verbal de ce jour,

Nous avons fait comparaître devant nous, en la maison du sieur A..., rue..., où nous nous étions transportés, les personnes ci-après nommées, à nous indiquées comme pouvant nous donner des renseignemens sur l'homicide dudit sieur A...; elles nous ont fait successivement et séparément les unes des autres, leurs dépositions ainsi qu'il suit : (1)

1°. Louis D..., âgé de..., domestique au service du sieur M..., demeurant chez son maître, en cette maison, nous a dit n'être parent, allié ni domestique des inculpés, et nous a déclaré :

Cette nuit, vers une heure, rentrant avec mon maître, nous avons, de la cour, aperçu de la lumière chez le sieur A..., et trouvé la clé à sa porte ; craignant quelqu'accident, mon maître et moi nous sommes entrés dans son appartement ; à peine y avions-nous mis le pied, qu'un individu tout couvert de sang a voulu se faire passage ; nous lui avons barré le chemin ; une lutte a eu lieu entre lui et nous, mais plusieurs voisins étant accourus à nos cris, nous nous sommes assurés de sa personne. Cet individu est celui qui vous a déclaré être Nicolas B... Étant entrés dans la chambre du sieur A..., nous avons vu celui-ci couché dans son lit couvert de sang, et rendant les derniers soupirs.

Lecture à lui faite de sa déclaration, il a dit qu'elle contient vérité, qu'il y persiste, et l'a signée avec nous à chaque feuillet ; (*on*) a déclaré ne savoir signer, de ce interpellé, et nous avons signé à chaque feuillet.(2).

(Signature du témoin et de l'Officier.)

---

(1) Les témoins ne sont pas interpellés, et ainsi on ne procède point à leur égard par voie de questions et de réponses ; on les abandonne à leurs idées. Autrement on pourrait, en leur posant des questions, préparer sans le vouloir et sans que les témoins s'en aperçussent, le résultat de leurs dépositions. Cependant l'officier de police judiciaire doit engager le témoin à lui donner des renseignemens détaillés, à expliquer comment il a eu connaissance du fait principal et de ses circonstances ; et s'il s'est trouvé à portée de bien voir ou de bien entendre. Il doit aussi lui faire remarquer les indications qui paraîtraient erronées, et lui demander une déposition plus claire.

(2) On entend de même les autres personnes qui ont concouru à l'arrestation.

2°. Jean E..., âgé de..., domestique au service du sieur A..., demeurant en cette maison, chez son maître, nous a dit n'être parent, etc., et nous a déclaré :

Cette nuit, j'ai été réveillé par les cris du sieur M... et de son domestique; je suis descendu de ma chambre, qui est au quatrième étage ; j'ai aidé le sieur M... et son domestique à arrêter Nicolas B..., qui était tout couvert de sang, et j'ai vu mon maître expirant dans son lit. Tous les soirs, j'avais coutume de le déshabiller, et je me retirais dans ma chambre après avoir fermé derrière moi la porte de l'appartement dont mon maître m'avait remis une double clé. Il y a trois jours, ma double clé est disparue. Comme pendant la journée il n'était venu dans la maison que le sieur D..., neveu de mon maître, en qui je ne soupçonnais aucun mauvais dessein, j'ai cru avoir égaré ou perdu la clé, et mon maître m'avait prêté la sienne jusqu'à ce que j'eusse retrouvé la mienne ou qu'il en eût fait faire une autre.

Représentation faite au témoin de la clé trouvée par nous cette nuit à la porte de l'appartement, et du passe-partout saisi sur Nicolas B...;

Le témoin nous a dit reconnaître la clé pour être la double clé qui était disparue ; quant au passe-partout, il nous a dit ne l'avoir jamais vu. Sur notre interpellation, il nous a fait voir la véritable clé du jardin, qui était déposée dans sa chambre, et dont il nous a dit être ordinairement le dépositaire.

Lecture, etc.

3°. François R..., âgé de..., marchand de..., demeurant, etc., nous a dit n'être parent, etc., et nous a déclaré :

Il y a trois jours, pendant le cours de la journée, il m'a été acheté, dans ma boutique, une lanterne sourde par un jeune homme de l'âge d'environ... ans. Ce jeune homme était coiffé de..., vêtu de... ; il m'a paru de la taille de..., etc. Je le reconnaîtrais si je le voyais, ainsi que la lanterne que je lui ai vendue.

Représentation faite au témoin de la personne de Jacques

D..., il a déclaré qu'il le reconnaissait à sa taille, à ses traits et à ses habits qui sont les mêmes, pour être l'individu dont il vient de nous parler.

Représentation également faite au témoin de la lanterne formant l'une des pièces de conviction,

Le témoin l'a reconnue pour être celle qu'il a vendue à l'individu en question.

Lecture, etc. (1).

4°. *Interrogatoires* (2).

L'an..., le..., heure de...

---

(1) Si l'on découvre le marchand qui a vendu le poignard on l'entend dans sa déposition, et on lui confronte de même l'inculpé. Ce marchand étant en contravention aux lois sur les armes prohibées, on se souviendra que selon la circulaire, il faut faire chez lui perquisition de toutes armes de cette espèce. Cette opération ne tenant pas essentiellement au fait de l'homicide, le procès-verbal doit être fait par acte distinct, afin que l'on puisse séparer cet acte de la procédure pour traduire le délinquant devant le tribunal correctionnel ; il ne faudrait constater la perquisition par le même procès-verbal, qu'autant que l'individu qui a procuré les armes, aurait su l'usage qu'on en devait faire, parce que dans ce cas il serait complice.

(2) Les prévenus doivent être interrogés séparément et hors la présence les uns des autres. Ils ne peuvent être assistés de conseils.

L'officier de police judiciaire qui procède à l'interrogatoire ne peut se permettre aucune *suggestion ;* ainsi il ne doit pas faire savoir à l'inculpé les personnes ou les choses qui doivent être l'objet de ses réponses, et il doit surtout éviter des suggestions à raison de faits principaux ou accessoires qui ne seraient pas encore prouvés ; mais il peut lui représenter que les soupçons tombent sur lui sans lui révéler du moins complètement les indices que l'instruction a déjà pu recueillir.

Il importe aussi d'éviter les questions *captieuses* ou *équivoques* parce qu'elles sont de nature à faire faire à l'inculpé, contrairement à son intention, des déclarations qui pourraient être considérées comme des aveux de circonstances aggravantes.

L'Officier de police judiciaire peut employer les représentations et exhortations pour obtenir des aveux ; mais il ne peut, dans ce but, user de menaces ou de violences, ni faire des promesses de grâce ou de commutation de peine.

Nous (*exprimer la qualité de l'Officier qui instruit*), Officier de police , auxiliaire de M. le Procureur du Roi ;

Procédant, en cas de flagrant délit, par suite de notre procès-verbal de ce jour, dans la maison du sieur A..., rue de..., n°.

Nous avons fait subir , au ci-après nommé, arrêté en ladite maison , l'interrogatoire suivant :

D. Quels sont vos noms, prénoms., âge , profession, domicile , et le lieu de votre naissance?

R. Nicolas B..., etc.

D. Arrêté dans cette maison même, au moment où le sieur A... venait d'y être assassiné, n'êtes-vous pas l'auteur de ce crime ?

R. Je ne puis nier l'évidence. J'ai eu le malheur de faire la connaissance du nommé D..., neveu du sieur A..., dans la maison de... où nous allions souvent jouer l'un et l'autre. Le jeu et la dissipation nous ayant réduits à la dernière extrémité, D... m'a fait entendre que nous pourrions réparer les chances du jeu en assassinant son oncle, qui était fort riche, et dont nous partagerions la fortune, parce qu'il était son seul héritier. Après avoir hésité, j'ai consenti à ce crime, et me suis chargé de le commettre. D... a acheté un poignard et une lanterne sourde qui devaient me servir pour l'exécution de notre dessein. Il y a trois jours, en allant voir son oncle, il s'est furtivement emparé de la double clé de l'appartement. Antérieurement il avait reconnu qu'un passe-partout, ouvrait la porte du jardin par laquelle on pouvait entrer dans la maison. Le crime devait se commettre dans la précédente nuit; mais le sieur A... étant allé coucher à la campagne, D... m'a écrit le billet que vous avez saisi dans mon domicile. Comme nous évitions de nous trouver ensemble dans nos deux logemens, je suis allé le voir à..., où nous nous donnions ordinairement rendez-vous. L'exécution ayant été définitivement fixée à cette nuit, je me suis rendu à minuit et demi à la porte du jardin du sieur A...; à l'aide du passe-partout et de la double clé, je suis parvenu jusque dans son appartement ; j'ai posé ma lanterne sur la commode ; le sieur A... était endormi ; je lui ai porté un premier coup mal assuré. Il s'est réveillé, s'est défendu, a cherché à se débarrasser de ma main gauche, avec laquelle je voulais lui fermer la bouche, et m'a mordu à plusieurs doigts. J'ai précipité mes coups ; j'avais cessé de frapper, mais remarquant qu'il respirait encore, j'allais redoubler, lorsque j'ai entendu du bruit. Je me suis troublé, j'ai jeté le poignard, et j'ai voulu sortir de l'appartement, espérant qu'étant inconnu, je pourrais échapper sans danger ; mais j'ai été arrêté. Si j'eusse pu sortir de la maison, j'aurais supprimé les clés dont je m'étais servi, je serais rentré chez moi au moyen du passe-partout de mon allée, et j'aurais lavé ou détruit celles de mes hardes qui étaient tachées de sang.

D. Chez quels marchands D... a-t-il acheté la lanterne et le poignard ?

R. Je ne m'en suis pas informé (1).

D. Avez-vous déjà été arrêté ou repris de justice ?

R. Jamais.

Représentation faite à B... de la chemise, etc. (*énumérer ici les pièces de conviction*), il a reconnu la chemise et le bonnet de coton pour être ceux dont était vêtu ou coiffé le sieur A... au moment de l'homicide ; les draps et la couverture pour être ceux dont était garni son lit au même instant ; la lanterne, la clé, le passe-partout et le poignard, pour lui avoir servi à commettre le crime, comme il vient de nous l'expliquer ; l'habit, le gilet et les souliers pour lui appartenir à lui-même (2).

---

(1) Quand un des inculpés fait des aveux et que les complices qu'il désigne ne sont pas arrêtés ; on doit se faire donner par lui et consigner dans ses interrogatoires le signalement de leurs personnes et de leurs vêtemens, comme le recommande la circulaire.

(2) Quand le prévenu, absent au moment où a été constaté le délit, n'a pas signé et paraphé les bandes de papier adaptées aux pièces de conviction, on l'interpelle de les signer et parapher lors de l'interrogatoire.

Lecture faite de son interrogatoire, il a dit que ses réponses contiennent vérité, il y a persisté, et a signé à chaque feuillet avec nous (*ou*) interpellé de signer, il a déclaré ne le savoir, et nous avons signé à chaque feuillet.

(*Signatures.*)

Et le même jour, à... heure..., étant dans ladite maison, nous avons fait subir l'interrogatoire suivant à D..., arrêté en vertu de notre mandat d'amener de ce jour (1):

D. Quels sont vos noms? etc.

R. Jacques D...

D. N'êtes-vous pas neveu du sieur A...?

R. Oui, je suis son neveu par ma mère.

D. N'êtes-vous pas aussi son unique héritier?

R. Oui.

D. Depuis combien de temps êtes-vous allé le voir?

R. Je ne l'ai pas vu depuis huit jours.

D. N'êtes-vous pas allé, au contraire, le voir il y a trois jours?

R. Non.

D. Savez-vous si votre oncle s'est absenté avant-hier, après votre visite?

R. Je n'en sais rien.

D. Cependant je suis instruit que vous avez parlé à quelqu'un de son absence?

R. Cela n'est pas.

D. Qu'avez-vous fait hier?

R. Rien, je me suis promené.

D. N'avez-vous pas donné un rendez-vous à quelqu'un?

R. Non, Monsieur.

D. Ne fréquentez-vous pas la maison de..., rue...?

R. J'y vais quelquefois.

D. N'y avez-vous pas souvent joué?

---

(1) Pour plus de commodité et afin de pouvoir insérer dans les interrogatoires les interpellations et réponses au fur et à mesure de l'instruction, on peut rédiger chaque interrogatoire sur un cahier séparé.

R. Je n'y ai joué que rarement.

D. Connaissez-vous un sieur Nicolas B... ?

R. Non.

D. Cependant il fréquente la même maison.

R. C'est possible.

D. Je suis instruit que vous lui avez écrit ?

R. Cela est faux.

D. Avant votre arrestation, saviez-vous que votre oncle avait été assassiné ?

R. Non.

D. Je vous fais observer que Nicolas B..., arrêté en flagrant délit au moment de cet assassinat, vous accuse de l'avoir provoqué et de lui avoir donné les moyens de commettre ce crime ?

R. Il ne dit pas la vérité.

D. Ses aveux sont très-probables, en ce que ne connaissant pas les êtres, il n'a pu commettre ce crime qu'avec des instructions, et en ce que, d'ailleurs, c'est avec la véritable clé qu'il s'est introduit dans l'appartement ?

R. Ce n'est pas par moi que les instructions lui ont été données et la clé remise.

D. Non-seulement il vous accuse, mais encore vous avez été reconnu par le marchand qui vous a vendu la lanterne dont s'est éclairé l'assassin ; avant de vous voir, ce marchand avait exactement signalé votre taille, vos traits et vos habits, choses qu'il n'aurait pu reconnaître s'il ne vous avait vu ?

R. Ce marchand se trompe.

D. Reconnaissez-vous, pour l'avoir écrit, ce billet adressé à B..., et contenant ces mots, etc. ?

R. Non.

D. Voulez-vous signer et parapher ce billet ?

R. Cela n'est pas nécessaire.

Jacques D... ayant refusé de signer et parapher cette pièce, nous l'avons signée et paraphée devant lui.

En ce moment nous avons fait comparaître devant Jacques D... le nommé Nicolas B...; ce dernier a reconnu D... pour être l'individu dont il a parlé dans ses aveux; il a réitéré ces mêmes aveux en présence de D..., et a persisté à soutenir qu'ils étaient sincères.

Jacques D..., d'abord déconcerté et interdit, n'a pas répondu; mais ensuite il a soutenu que tout ce que disait B... était faux (1).

Nous avons représenté à Jacques D... la lanterne, etc. (*énumérer ici les pièces de conviction*), et D... nous a dit qu'il ne connaissait pas ces objets (2).

D. Avez-vous déjà été arrêté ou repris de justice?

R. Jamais.

Lecture faite à D... et à B... de l'interrogatoire et de la confrontation ci-dessus, chacun d'eux a persisté dans ses réponses; B... a signé avec nous à chaque feuillet, et D... a refusé de signer, de ce interpellé, selon la loi.

N°. 17.

Procédure en cas de réquisition de chef de maison.

1°. *Plainte* (3).

L'an..., le..., heure...

Pardevant nous (*indiquer la qualité de l'Officier qui reçoit la plainte*), Officier de police, auxiliaire de M. le Procureur du Roi;

Est comparu le sieur Louis N..., (*profession*), demeurant... (4);

---

(1) Si la confrontation contenait de nouveaux aveux ou des explications essentielles entre les prévenus confrontés, il faudrait les consigner soigneusement.

(2) Ajouter l'interpellation de signer et parapher les bandes de papier apposées aux pièces de conviction, si fait n'a été.

(3) Voyez plus haut le modèle de dénonciation en tête des actes faits en flagrant délit.

(4) Lorsque la plainte est présentée toute rédigée, ou qu'elle est rendue par un fondé de procuration, il faut suivre en tout le modèle de dénon-

Lequel nous a réquis de recevoir la dénonciation des faits ci-après détaillés, ce que nous avons fait sur la déclaration du comparant, ainsi qu'il suit ;

Il y a huit jours, je me suis absenté de mon domicile avec ma famille. Je suis parti le dernier, et en partant j'ai fermé à double tour la porte de mon appartement. Aujourd'hui, à mon retour, je me suis aperçu que ma serrure n'était plus fermée qu'au pêne. Entré dans mon appartement, j'ai vu que tout était bouleversé, que mes armoires, auxquelles j'avais laissé les clés, étaient ouvertes et presque vides, que mon secrétaire était forcé.

Un examen rapide a fait reconnaître qu'on m'avait volé dans mon secrétaire... pièces de 20 francs, et... pièces de 5 francs, et dans mes armoires, meubles et autres endroits de mon appartement, tels et tels objets. (*Les désigner bien exactement, en n'omettant pas les marques de l'argenterie et du linge, ainsi que les marques accidentelles qui pourraient faciliter la découverte et la reconnaissance de certains objets*).

Je suis certain d'avoir fermé ma porte à double tour, parce qu'en partant, étant accompagné du sieur M..., mon ami, j'ai remonté mon escalier avec lui pour mieux m'assurer que j'avais bien fermé ma porte.

J'avais aussi fermé toutes les fenêtres et les volets, et cependant, en rentrant, j'ai trouvé ouverte une fenêtre donnant sur la rue.

Le vol paraissant avoir été commis par une personne qui connaissait les êtres de la maison, et qui savait que j'étais absent, mes soupçons ne peuvent tomber que sur le nommé François, commissionnaire, que j'employais quelquefois, et qui est venu chez moi le jour même de mon départ. Cet homme est de la taille, etc. (*Signaler sa personne et ses vêtemens*).

Lecture faite au comparant de sa plainte, il y a persisté,

---

ciation donné plus haut, excepté qu'au mot *dénonciation* on substitue celui de *plainte.*

l'a affirmée sincère et véritable, et l'a signée avec nous à chaque feuillet; (*ou*) interpellé de signer, a déclaré ne le savoir, et nous avons signé à chaque feuillet.

2°. *Procès-verbal* (1).

L'an..., le..., heure...

Nous (*exprimer la qualité de l'Officier qui procède*), Officier de police, auxiliaire de M. le Procureur du Roi;

Procédant sur la réquisition du sieur Louis N..., plaignant, en vertu des articles 32, 46 et 49 (*ajouter l'article 50 quand c'est un Maire, ou un Adjoint, ou un commissaire de police qui agit*) du Code d'instruction criminelle;

Nous nous sommes transportés dans une maison sise en cette commune, (*ou*) ville, rue..., n°... (1).

Nous avons été introduits par le sieur N..., plaignant, dans son appartement sis au premier étage, composé de six pièces, et donnant partie sur la rue et partie sur la cour.

Nous y avons vu que toutes les armoires étaient ouvertes et presque vides; que le peu d'objets qui y restaient, étaient bouleversés; que le même dérangement se faisait remarquer dans toutes les parties de l'appartement, où l'on voyait des effets çà et là.

Le battant qui sert à fermer la partie haute du secrétaire placé dans le cabinet du sieur N... était ouvert et la serrure brisée; nous avons reconnu qu'on avait ouvert ce battant au moyen de diverses pesées faites près de la serrure et aux deux côtés du battant.

Dans ce même cabinet, il s'est trouvé un long morceau de fer plat, formant pince par le bout, et que le sieur N... a dit ne pas provenir de chez lui. Rapproché des pesées par le bout formant pince, ce morceau de fer s'est trouvé de la même largeur que les pesées, et s'y est adapté. Présumant

____

(1) Si cela est utile, on défend, comme en flagrant délit, de sortir ou de s'éloigner des lieux où l'on opère.

en conséquence que cet instrument avait servi à effectuer l'effraction du secrétaire , nous nous en sommes saisis.

Nous avons observé qu'une des fenêtres du salon , du côté de la cheminée , était ouverte.

Examen fait de cette fenêtre , ainsi que des autres fenêtres , et particulièrement de la porte d'entrée , nous n'y avons trouvé aucune trace d'effraction.

Ressortis de l'appartement, nous avons vu que la maison dont il fait partie , forme l'encoignure des rues... , que le devant du bâtiment donne sur la rue de... , et le derrière sur la cour qui en dépend et qui est entourée par des cours et bâtimens voisins , excepté du côté de la rue... , dont cette cour est séparée par un mur élevé de...

Vers le milieu de ce mur , nous avons aperçu au chaperon des dégradations récentes , par l'effet desquelles des débris de plâtre étaient tombés dans la cour et dans la rue ; le mur étant peu élevé , vieux et rempli de trous , il nous a paru très-facile de l'escalader. La cour et la rue étant pavées , nous n'y avons aperçu aucune empreinte de pas (1).

D'après ces diverses observations , nous avons conjecturé que le voleur ou les voleurs s'étaient introduits dans la cour en escaladant le mur , qu'ils avaient pénétré dans l'appartement à l'aide d'une fausse clé , crochet ou rossignol ; que de l'intérieur ils avaient ouvert la fenêtre du salon , et des-cendu ou jeté par cette fenêtre des effets volés qui proba-blement , avaient été reçus en bas par les complices.

Le sieur François E..., orfèvre, entendu comme témoin, nous ayant déposé six couverts et une cuiller à ragoût , en argent, nous avons représenté ces objets au sieur N... , plai-gnant , il les a reconnus pour faire partie des objets qui lui ont été volés , et contenir sa marque.

---

(1) Voyez au modèle de procès-verbal dressé en flagrant délit, ce qui concerne les empreintes de pas.

Nous avons en effet observé que chacune de ces pièces d'argenterie est marquée des lettres initiales L. N.

Par suite de nos informations , nous nous sommes transportés dans une maison sise en cette commune , (*ou*) ville, rue... , n°...., où étant arrivés , nous avons été conduits à un logement situé au quatrième étage , et dont la porte nous a été ouverte par la nommée Marianne R... Après lui avoir déclaré quel était l'objet de notre transport , nous avons fait dans son logement une perquisiton très-exacte sans avoir rien trouvé de suspect. Pendant le cours de notre perquisition , nous avons observé que la fille R... s'était emparé d'une clé qu'elle a cherché à cacher ; nous nous en sommes emparés, et nous avons vu que cette clé était vieille , mais récemment limée ; l'ayant essayée en présence de Marianne R..., à la porte de l'appartement du sieur N... , plaignant , chez lequel nous sommes retournés , nous avons reconnu qu'elle ouvrait très-facilement la serrure de cette porte.

Par suite de l'interrogatoire subi par ladite R..., nous nous sommes transportés dans une boutique dépendant d'une maison sise en cette commune , (*ou*) ville , rue... , n°...., et occupée par le nommé François T... , marchand revendeur. Après avoir déclaré à T... le sujet de notre transport , nous avons fait dans cette boutique et ses dépendances une perquisition exacte , mais nous n'y avons rien trouvé.

T... nous avait déclaré n'occuper aucun autre lieu dans la maison ; mais ayant appris qu'il dépendait de sa location une petite chambre séparée et située au fond de la cour, nous nous sommes rendus dans cette chambre , et y ayant fait perquisition en présence de T... , nous y avons trouvé tels et tels effets (*les spécifier*) que le sieur N... , plaignant , dont nous nous étions fait accompagner , a reconnu pour faire partie du vol effectué chez lui , et dont nous nous sommes emparés.

Nous avons sommé T... de nous représenter son registre de police ; ce qu'ayant fait, nous n'y avons trouvé inscrit aucun des objets saisis, et nous avons vu qu'il n'avait pas été visé depuis plus de... mois.

En examinant les objets saisis, nous avons reconnu que telles et telles pièces de linge étaient déjà démarquées, et que telles et telles autres étaient encore marquées d'une marque que le sieur N..., plaignant, a reconnue pour être la sienne.

Pour servir de pièces de comparaison, tant des objets démarqués que de ceux qui sont encore marqués, le sieur N... nous a représenté et déposé tels et tels objets que nous avons reconnus pour être de même toile, de même couleur, de même dessin et de même grandeur que tels et tels objets saisis, etc. (*Constater ici toutes les ressemblances*).

Pour ne pas confondre les pièces de comparaison produites par le sieur N..., nous les avons liées ensemble avec une ficelle sans nœuds, sur les deux bouts de laquelle nous avons appliqué une bande de papier au moyen de cire rouge, que nous avons scellée de notre sceau. Sur notre interpellation de signer et de parapher cette bande, l'inculpée R... a déclaré ne savoir signer, ce dont nous avons fait mention sur ladite bande que nous avons signée et paraphée avec l'inculpé T...

Nos opérations terminées, nous avons renfermé, dans un sac, les pièces de comparaison, le morceau de fer trouvé dans le domicile du sieur N..., les pièces d'argenterie déposées par le sieur E..., orfèvre, la clé saisie sur la fille R..., et les effets saisis chez T..., nous avons fermé ce sac avec une corde sans nœuds à laquelle nous avons appliqué une bande de papier, que nous avons scellée de la même manière que celle appliquée à la ficelle dont sont liées les pièces de comparaison ci-dessus énoncées. La bande de papier a été signée et paraphée par l'inculpé T... et par nous, et mention y a été faite de la cause du défaut de signature de la part de l'inculpée R...

Attendu que L..., dit François, est inculpé d'être auteur d'un vol commis à l'aide d'escalade de toitures extérieures, de fausse clé et d'effraction intérieure, la nuit, dans une maison habitée ; que G... est inculpé d'avoir procuré à L.... le moyen de commettre ce vol en ajustant lui-même la fausse clé et en la lui remettant, et de l'avoir en outre aidé et assisté dans les faits qui ont consommé le vol ; que la fille R... est inculpée d'avoir recélé une partie des effets volés , et que T... est inculpé d'avoir acheté une autre partie de ces effets ; attendu que L... et G... n'ont pu être encore arrêtés sur notre mandat d'amener ; nous avons ordonné que, etc. (*Voyez la clôture du modèle de procès-verbal dressé en flagrant délit , et l'observation qui la termine*).

3°. *Information.*

L'an... , le... , heure de...

Pardevant nous (*exprimer la qualité de l'officier*) , Officier de police, auxiliaire de M. le Procureur du Roi. ;

Procédant sur la réquisition du sieur N..., chef de maison, par suite de notre procès-verbal de ce jour ,

Sont comparus en la maison dudit sieur N... , rue... , n°..., où nous nous étions transportés, les personnes ci-après nommées , à nous indiquées comme pouvant nous donner des renseignemens sur un vol commis en ladite maison : elles nous ont fait , successivement et séparément les unes des autres , leurs dépositions ainsi qu'il suit :

1°. Jacques B... , âgé de... , portier de la maison où nous sommes , y demeurant (*lorsque les inculpés sont connus , les témoins disent s'ils sont leurs parens, alliés ou domestiques*), déclare :

Je ne sais rien du vol commis chez le sieur N... , si ce n'est que le lendemain du départ de ce locataire pour la campagne, j'ai vu que l'une des fenêtres de son salon , donnant sur la rue, était ouverte : ne soupçonnant pas de vol, et présumant seulement un oubli, j'ai fait part de cette circonstance au propriétaire de la maison , qui a dû écrire au sieur N... pour le prévenir.

Lecture faite de sa déclaration , il a dit qu'elle contient

vérité, qu'il y persiste, et l'a signée avec nous à chaque feuillet ; (*ou*) a déclaré ne savoir signer, de ce interpellé, et nous avons signé à chaque feuillet.

2°. Joseph M..., âgé de... (profession), demeurant, etc., déclare :

J'accompagnais le sieur N... il y a huit jours, lorsqu'il a quitté son domicile pour aller rejoindre sa famille à la campagne. Il a fermé, devant moi, sa porte à double tour ; pour être certain qu'il l'avait fermée, il a remonté l'escalier ; je l'ai suivi, et j'ai vu, par la vérification qu'il a faite, que la porte était en effet exactement fermée à double tour.

Lecture, etc.

3°. François E..., âgé de..., orfèvre, demeurant en cette ville, (*ou*) commune, rue..., n°..., déclare :

Ce matin, une femme à moi inconnue, et qui s'est donné le nom de Marie-Anne R..., est venue me proposer d'acheter six couverts et une grande cuiller à ragoût, en argent, qu'elle a dit être dans la nécessité de vendre. Cette femme m'ayant parue suspecte, je lui ai déclaré que je n'achèterais ces pièces d'argenterie que quand elle m'aurait amené un répondant, et que jusque-là je les garderais. Pendant qu'elle insistait auprès de ma femme pour que je lui remisse l'argenterie, j'ai secrètement donné ordre au sieur..., l'un de mes ouvriers, de sortir et de suivre cette femme quand elle sortirait elle-même. Le sieur..., à son retour, m'a dit que cette femme était entrée dans une maison située rue..., n°...

Je me suis de suite rendu à votre demeure, d'où l'on m'a envoyé dans cette maison, en me disant que vous y informiez sur un vol (1).

Je représente et dépose entre vos mains les pièces d'argenterie en question.

Lecture, etc. (2).

______

(1) Si cela est nécessaire, on se fait donner par le témoin et l'on consigne le signalement de l'inculpé et de ses habits.

(2) On entend en leurs dépositions les personnes de la maison de

4°. *Interrogatoire.*

L'an... , le... , heure de...

Nous (*exprimer la qualité de l'Officier*) , procédant sur la réquisition du sieur N... , par suite de notre procès-verbal de ce jour ,

Nous avons fait subir à la ci-après nommée , dans son domicile , où nous nous étions transportés , l'interrogatoire suivant :

D. Quels sont vos noms , prénoms , âge , profession , demeure , et lieu de votre naissance ?

R. Marie-Anne R... , née à... , âgée de... , (profession) demeurant en cette commune , (*ou*) ville , rue... , n°...

D. Ce matin , n'avez-vous pas offert à un orfèvre de la rue... , de lui vendre six couverts et une cuiller à ragoût , en argent ?

R. Oui , Monsieur.

D. D'où vous provient cette argenterie ?

R. Elle m'appartient depuis long-temps.

D. Vous ne paraissez pas avoir assez de moyens pour posséder de tels objets ?

R. Ils sont cependant à moi.

D. Cette argenterie porte la marque du sieur N... , qui déclare qu'elle lui a été volée depuis huit jours ? Qu'avez-vous à répondre ?

R. C'est à tort qu'il la reconnaît pour être à lui ; je l'ai achetée.

D. Pourquoi avez-vous essayé de cacher la clé que j'ai saisie lors de notre perquisition chez vous ?

R. Cette clé appartient à François L... , dit François ,

---

l'orfèvre et l'ouvrier qui a suivi la femme , et s'il est nécessaire on la leur confronte.

On entend de même les personnes indiquées par le plaignant comme pouvant reconnaître les objets volés , et on leur représente ces objets , ce dont il est fait mention.

commissionnaire avec lequel je vis , et je voulais la serrer à sa place , de peur qu'il ne la cherchât.

D. Comment se fait-il que cette clé ouvre la porte de l'appartement du sieur N... ?

R. Je n'en sais rien.

D. Plutôt que de résister à l'évidence , vous devriez dire la vérité ?

R. Je vais tout vous avouer. L...., dit François, était quelquefois employé à faire les commissions du sieur N... Il a fait connaissance d'un nommé G..., ouvrier serrurier, dont j'ignore la demeure. G... lui a suggéré de profiter de l'absence du sieur N... pour le voler ; L.... a eu la faiblesse d'y consentir. En allant chez le sieur N..., il a furtivement pris l'empreinte de la clé de la porte de l'appartement, et G..., a , d'après cette empreinte , limé et disposé une vieille clé dans notre logement même. L.... et G... se sont abouchés avec T..., brocanteur, rue..., que G... connaissait pour acheter les effets volés, mais que je n'ai jamais vu. Dans la nuit même du départ du sieur N... , L... et G... sont sortis ensemble ; L..., qui connaissait les êtres , s'est chargé d'entrer dans l'appartement. Il a escaladé le mur de la cour et est monté dans l'appartement, qu'il a ouvert avec la clé limée par G... Il s'était muni d'un briquet , et a allumé la chandelle qu'il a trouvée dans l'appartement. G... s'était placé au-dessous d'une des fenêtres dans la rue. L... lui a jeté ou a descendu les paquets par cette fenêtre. Ils ont de suite porté le tout au brocanteur T... , qui le leur a acheté moyennant la somme de..., excepté l'argenterie qu'ils ont rapportée , parce qu'il ne leur en a offert que... Ils sont rentrés tous les deux dans notre logement à quatre heures du matin ; ils y ont passé le reste de la nuit, et c'est alors qu'ils m'ont raconté les détails du vol, et qu'ils m'ont chargée de vendre l'argenterie , ne voulant pas paraître eux-mêmes. Avant ce matin, je l'avais déjà proposée à plusieurs orfèvres qui, ne me connaissant pas, n'avaient pas voulu l'acheter.

D. Quels sont les signalemens de L... et de G..., et comment ces individus sont-ils habillés?

R. L... est de la taille de..., etc., et G... de la taille..., etc.

Représentation faite à la fille R... des pièces à conviction
(*les énumérer*), elle a dit ne reconnaître que l'argenterie et
la clé dont elle vient de nous parler, et ignorer comment
L... et G... s'étaient procuré la barre de fer.

D. Avez-vous déjà été arrêtée ou reprise de justice?

R. J'ai été condamnée, il y a un an, pour vol, par le
tribunal correctionnel de... à la peine de...

Lecture faite à Marie-Anne R... de son interrogatoire,
elle a déclaré que ses réponses contiennent vérité, y a persisté, et a signé avec nous à chaque feuillet; (*ou*) a déclaré
ne savoir signer, et nous avons signé à chaque feuillet.

Et le même jour nous avons fait subir, au ci-après nommé,
l'interrogatoire suivant, dans son domicile, où nous nous
étions transportés (1).

D. Quels sont vos noms, etc.?

R. François T..., etc.

D. D'où vous proviennent les objets que je viens de saisir
chez vous?

R. Je les ai achetés en divers temps et à plusieurs personnes.

D. Pouvez-vous préciser les époques de ces achats, et
nous indiquer les vendeurs?

R. Le dernier achat remonte au moins à un mois; les
vendeurs me sont inconnus.

D. Pourquoi n'avez-vous pas inscrits ces effets, conformément aux ordonnances, sur votre registre de police?

R. J'ai eu tort.

D. Est-ce le jour ou la nuit que vous avez acheté ces
objets?

____

(1) Voyez à la suite du modèle d'interrogatoire en flagrant délit,
l'observation relative à la faculté de mettre chaque interrogatoire sur un
cahier séparé.

R. C'est le jour, je n'achète rien la nuit.

D. Connaissez-vous le nommé L..., dit François ?

R. Non.

D. Connaissez-vous le nommé G...?

R. Pas davantage.

D. Je suis cependant instruit que c'est de ces deux individus que vous avez nuitamment acheté, il y a sept jours, les objets en question ?

R. Cela est faux.

D. La preuve que vous ne les possédez pas depuis le temps que vous le dites, c'est qu'ils n'ont été volés chez le sieur N..., rue..., que depuis sept jours ?

R. Peut-être me suis-je trompé sur l'époque de mes achats.

Représentation faite à T... des pièces à conviction (*les énumérer*), il nous a déclaré ne reconnaître que les objets saisis chez lui.

D. Avez-vous déjà été arrêté ou repris de justice ?

R. J'ai été condamné le... à l'amende par le tribunal correctionnel, pour inexactitude dans la tenue de mon livre de police.

Lecture, etc.

N°. 18.

Mandat d'amener décerné en cas de flagrant délit, ou de fait assimilé au flagrant délit.

Nous (*exprimer la qualité de l'Officier qui décerne le mandat*), Officier de police, auxiliaire de M. le Procureur du Roi ;

En vertu de l'article 40 du Code d'instruction criminelle ;

Mandons et ordonnons à tous Huissiers ou Agens de la force publique d'amener pardevant nous, en se conformant à la loi, le nommé Pierre N..., né à... âgé de... ans... (profession), demeurant à..., rue..., n°...

Signalement.

Taille de..., cheveux..., sourcils.., front..., yeux.., bouche..,
menton..., visage..., cicatrice..., (*ou*) signe...; coiffé de...,
vêtu de..., chaussé de...;

Requérons tous dépositaires de la force publique de
prêter main forte, en cas de nécessité, pour l'exécution du
présent mandat.

A l'effet de quoi nous l'avons signé et scellé de notre sceau.

Fait à..., le..., an...   (*Signature et sceau*).

Procès-verbal dressé par le porteur du mandat d'amener.

Notifié le mandat d'amener ci-dessus, par moi (*exprimer la qualité du porteur*), à Pierre N..., trouvé (*désigner le
lieu*)..., auquel j'en ai fait l'exhibition et délivré copie, en
m'assurant de sa personne pour être conduite devant (*indiquer l'Officier qui a décerné le mandat*); dont acte.

(*Signature*).

(*Si l'inculpé refuse d'obéir, le porteur procède ainsi*) :

(*Après ces mots*, AUQUEL J'EN AI DÉLIVRÉ COPIE *il ajoute*) :
Ledit..., sur la réquisition que je lui ai faite de me suivre,
m'a répondu qu'il ne voulait pas obéir audit mandat. Je lui
ai vainement représenté que sa résistance était illégale, qu'il
ne pouvait se dispenser d'obéir au mandement de la justice,
et qu'il m'obligeait à user des moyens de force que la loi
m'autorisait à employer. Ledit... s'étant obstiné à refuser
d'obéir au mandat, (*ou*) après avoir déclaré qu'il était prêt
d'obéir, ayant tenté de s'évader, je l'ai saisi et appréhendé
au corps, assisté de (*indiquer les noms des agens de la force
publique*), qui m'accompagnaient, (*ou*) dont j'ai requis
l'assistance; j'ai conduit ledit... devant (*désigner le fonctionnaire qui a délivré le mandat*) et j'ai dressé le présent procès-
verbal, qui a été signé de moi et de..., assistans, (*ou*) de
moi seul, les sieurs..., assistans ayant déclaré ne savoir
signer, de ce interpellés.

BULLETIN contenant l'avis d'un crime ou délit, donné à M. le Procureur du Roi, conformément à l'article 29 du Code d'instruction criminelle.

N°...   Quartier (*ou*) Commune de...   Arrondissement judiciaire.

Nature du crime ou délit.	Jour, heure, lieu, quartier, (*ou*) commune où le crime ou délit a été commis.	Noms, prénoms, âge, profession et demeure du prévenu ou des prévenus.	Mention de l'arrestation, ou signalement en cas de non arrestation.	Noms, prénoms, profession et demeure de la personne lésée.	A quelle heure et comment le crime ou le délit a été connu de celui qui envoie le Bulletin.
Vol d'une somme de... on d'effets, avec effraction intérieure ou extérieure la nuit dans une maison habitée, et par plusieurs individus.	Nuit du 19 au 20 du mois de... vers... heure..., rue... quartier... (*ou*) commune de...	1o. Pierre N..., né à... âgé de..., (profession), demeurant à..., rue..., (*ou*) commune de... 2o. Jacques P..., (profession) demeurant à..., âge et lieu de naissance inconnus. 3o. Un troisième individu inconnu.	Arrêté. Non arrêté; taille de... cheveux..., visage..., front..., yeux..., nez..., bouche..., menton..., marqué de petite vérole, cicatrice..., coiffé d'un chapeau..., habit..., veste..., pantalon..., bas.. (*ou*) bottes. Non arrêté; signalement inconnu.	Le sieur L..., (profession), demeurant à..., rue..., (*ou*) commune de...	Aujourd'hui à..., heure, par la réquisition (*ou*) la plainte de la personne lésée; (*ou*) par la dénonciation du sieur G..., profession..., demeurant à..., (*ou*) par la notoriété ou clameur publique. (*Ou s'il s'agit d'une infraction aux lois forestières, constatée par un procès-verbal des gardes forestiers de l'administration, des communes ou des établissemens publics*), par l'affirmation reçue cejourd'hui, du procès-verbal dressé le... par... garde forestier de...

Certifié véritable par nous Juge de paix du canton de...
(*ou*) Maire (*ou*) Adjoint du Maire , (*ou*) Commissaire de
police de la commune de... , (*ou*) du quartier de...

Fait à... , le. .. , heure de...

(Signature).

N°. 20.

*Liste de Messieurs les Receveurs de l'Enregistrement
chargés de viser pour timbre et d'enregistrer en
debet les procès-verbaux et actes qui, en matière
de simple police et de police correctionnelle, sont
sujets à cette double formalité.*

1°. Pour tous les actes des Commissaires de police et
autres Officiers ou Agens attachés spécialement à un quartier ou arrondissement.

MM.

1ᵉʳ. et 2ᵉ. arr.   Dupuis, rue Richelieu, n°. 40.
3ᵉ.   Bauderon, rue des Prouvaires, n°. 32.
4ᵉ.   Demay, r. du Chevalier du Guet, n°. 1.
5ᵉ.   Gromier, rue de Cléry, n°. 64.
6ᵉ.   Bonnard, rue Notre-Dame Nazareth, n°. 9.
7ᵉ.   Finiels, rue de la Verrerie , n°. 60.
8ᵉ. et 9ᵉ.   Boivin, rue Culture Ste-Catherine, n°. 33.
10ᵉ. 11ᵉ. et 12ᵉ. Pantel, rue du Four S.-Germain, 40.

2°. Pour les Inspecteurs des marchés, ports, etc., et
tous Agens n'étant pas spécialement attachés à un quartier;
celui des Receveurs ci-dessus, dont le bureau est dans
le domicile de ces Inspecteurs et Agens, ou celui des Receveurs dont le bureau est dans l'arrondissement où l'infraction s'est commise.

3°. Pour les cantons ruraux, les Receveurs établis à
S.-Denis, Neuilly, Nanterre, Belleville, Sceaux, Vincen-
nes et Villejuif.

MODÈLES DE QUELQUES ÉTATS, MÉMOIRES, TAXES, MANDATS, ETC., SE TROUVANT A LA SUITE DE L'INSTRUCTION MINISTÉRIELLE DE 1826, SUR LES FRAIS DE JUSTICE (1).

FRAIS
DE JUSTICE CRIMINELLE.

MODÈLE, N°. 2.
*Art. 9 du réglement
du 18 juin 1811.*

Mois d...
de l'an...

N..., messager.

Mémoire des sommes dues à N..., messager de la voiture publique de N... à N..., pour transport d'objets pouvant servir à conviction pendant le mois de...

N°. d'ordre.	Date du transport.	Autorités qui ont requis le transport.	Désignation des objets pouvant servir à conviction.	Prix du transport.
			Objets saisis dans l'affaire de N..., prévenu de vol avec effraction, marqué VV, avec malle n°. 1, pesant ... kilog. *Idem* une *idem* n°. 2 ..... *Idem* une cassette n°. 3 ... TOTAL...	
			Les 160 kilogrammes, à raison de... le kilogramme produisent (1) ...... Un petit paquet de toile, marqué VV, saisi dans l'affaire de N..., prévenu de vol, pesant .... kilogrammes, à raison de ... pour les objets dont le poids est au-dessous de ... kilog..... TOTAL...	

(1) Joindre les réquisitions à l'appui de chaque article, *sous peine du rejet du mémoire.*

Je soussigné , certifie véritable le présent mémoire pour la somme de...

A... , le... 18...

Réquisitoire.

Nous (*indiquer l'Officier du ministère public*) ;

Vû l'article du réglement du 18 juin 1811 , et les pièces jointes au présent mémoire , requérons , conformément à l'article 140 du même réglement , qu'il soit délivré exécutoire par (*indiquer ici la qualité du magistrat qui doit délivrer cet exécutoire*) , sur la caisse de l'Administration de l'enregistrement et des domaines , pour le paiement de la somme de...

A... , le... , 18...

Exécutoire.

Nous Président de la Cour (ou *du Tribunal* de première instance) séant à... , département de...

Vû le réquisitoire ci-dessus , et les pièces jointes au mémoire ;

Avons arrêté et rendu exécutoire ledit mémoire pour la somme de..., montant de la taxe que nous en avons faite ; et attendu qu'il n'y a pas de partie civile en cause (ou *qu'elle a justifié de son indigence*), ordonnons que cette somme sera payée à... , messager , par le receveur de l'enregistrement au bureau de...

A... , le... 18...

Visa.

Nous Préfet du département d...

Vû l'article 152 du réglement du 18 juin 1811 ,

Avons vérifié le présent mémoire , et l'avons réglé à la somme de...

A... , le... 18...

FRAIS
DE
JUSTICE CRIMINELLE.

MODÈLE, N°. 3.
*Art. 6 ou 9 du réglement
du 18 juin 1811.*

Transport des prévenus (ou des accusés, ou de pièces pouvant servir à conviction) par toute autre voie que celle des convois militaires, des messageries royales ou des voitures publiques.

Taxé à N..., en vertu de l'article 6 (*ou de l'article 9*) du réglement du 18 juin 1811, la somme de... pour avoir transporté le prévenu (*ou l'accusé ou les objets*) désigné dans la réquisition ci-dessus.

Ledit N... a déclaré (ou *ne savoir*, ou *ne pouvoir*) signer.

A..., le... 18...

(*Joindre à l'appui de cette taxe le certificat de l'officier de santé constatant la nécessité du transport par voiture*).

FRAIS
DE
JUSTICE CRIMINELLE.

MODÈLE, N°. 5.
*Art. 12 du réglement
du 18 juin 1811.*

Mandat pour faire payer aux Gendarmes la somme présumée nécessaire pour frais relatifs à la translation des prévenus.

Nous, etc.

Vû l'article 12 du réglement du 18 juin 1811,

Mandons au receveur de l'enregistrement établi à... de payer à... gendarme, la somme de... pour faire l'avance des frais que nécessitera la translation de..., prévenu de..., et conduit devant la Cour d'assises du département des..., en vertu de...

A..., le... 18...

Le Receveur de l'enregistrement fera mention du paiement de ce mandat sur l'ordre de transport remis au gendarme.

FRAIS
DE JUSTICE CRIMINELLE.

Mois d...
de l'an...

N..., gendarme.

MODÈLE, N°. 6.
Art. 12 *du réglement
du* 18 *juin* 1811.

*État des frais faits par N..., gendarme , à..., pour
avoir conduit N... en poste , depuis N..., jusqu'à
N..., chef-lieu de la Cour d'assises du département
de..., par ordre de...*

Nos. d'ordre.	Époque à laquelle les frais ont eu lieu.	Nature des frais.	Nombre de postes.	Prix par poste y compris la voiture fournie par le maître de poste.	Montant.
		Payé au maître de poste de R..., suivant quittance ci-jointe. Nourriture par jour, tant pour le prisonnier que pour le gendarme........			
		TOTAL...			
		Sur cette somme , le soussigné a reçu une avance de... du receveur de l'enregistrement de N..., ainsi qu'il est constaté au pied de la réquisition ci-jointe (1)...			
		RESTE A PAYER..			

(1) Pour l'ordre de la comptabilité, il est nécessaire que le mandat
d'à-compte soit adressé par l'administration de l'enregistrement au pré-

Je soussigné gendarme, certifie véritable le présent état pour la somme de..., sur laquelle j'ai déjà reçu celle de... à compte... (1).

A..., le... 18...

Observation.

Si la destination du prisonnier n'est pas au chef-lieu de la Préfecture, le solde de l'état pourra être fait sur l'exécutoire sans qu'il soit visé par le Préfet, afin de ne pas retarder le retour du gendarme.

<table>
<tr><td>FRAIS
DE
JUSTICE CRIMINELLE.</td><td>MODÈLE, N°. 7.
Art. 13, 14 *et* 15 *du Réglement*
du 18 *juin* 1811.</td></tr>
</table>

Transport des pièces arguées de faux, ou de pièces de comparaison.

(*Taxe à mettre au bas de l'Ordonnance en vertu de laquelle la remise des pièces a lieu*).

Taxé, sur sa réquisition, à N... (*sa qualité*), dépositaire de la (*ou des*) pièce arguée de faux (*ou des pièces de comparaison*), désignée dans l'Ordonnance ci-dessus, en vertu des articles 13 et 15 (*ou* 14 et 15) du réglement du 18 juin

---

posé de cette administration qui doit acquitter le reste du mémoire, afin que ce mandat soit joint à l'exécutoire qui devra être décerné pour le montant total de l'état. Ce mandat sera encore nécessaire pour s'assurer du montant de l'avance faite au gendarme, dans le cas où le réquisitoire n'en ferait pas mention, ou en cas de perte de ce réquisitoire.

Si l'avance est plus forte que le montant de l'état, le gendarme est tenu de faire ce versement de l'excédant dans la caisse du préposé de l'enregistrement du lieu de la destination du prisonnier, et le préposé doit certifier au bas de l'exécutoire qu'il a reçu cet excédant.

(1) Le mémoire du gendarme doit être suivi de réquisitoire, exécutoire et visa comme au modèle n°. 2, en citant dans le réquisitoire, l'art. 12 du réglement, au lieu de l'art. 9).

1811 , la somme de... savoir :... fr... cent. pour (*nombre*) vacations , conformément à l'article 166 du Décret du 16 février 1807 ;... fr... cent. pour (*nombre*) myriamètres parcourus conformément à l'article 91 , n°. 1er. du réglement précité ;... fr. cent... pour (*nombre*) jours de séjour forcé en route , conformément à l'article 95 , n°. 1er. du même réglement , ledit séjour constaté par le certificat ci-joint , et... fr... cent. pour (*nombre*) jours à..., où l'instruction à eu lieu , conformément à l'art. 96 , n°. 1er. dudit réglement.

A... , le... 18...

Observations.

Des vacations ne pouvant être accordées qu'autant qu'elles sont requises , mention expresse doit en être faite dans le réquisitoire du ministère public et l'exécutoire du juge.

———

Les greffiers *dépositaires* de pièces arguées de faux , et *qui assistent avec les magistrats à la vérification faite par des experts écrivains* , ne sont pas assimilés aux dépositaires dont parle l'article 12 du réglement du 18 juin 1811 , attendu que les greffiers , en assistant aux rapports des experts , remplissent le devoir de leur office , et qu'ils ne peuvent dèslors réclamer des droits que le réglement ne leur accorde point : ces droits ne sont alloués aux dépositaires publics qu'à raison de leur déplacement et de l'interruption de leurs fonctions , considérations qui ne sont point applicables aux greffiers.

———

Comme les distances se comptent du chef-lieu de canton, de l'arrondissement , ou du département au chef-lieu de la commune où se fait l'opération (*Voyez* l'article 93 du réglement), il n'est dû aucune indemnité aux parties prenantes qui ne sortent pas de la commune où elles résident.

Toutes les fois que le témoin est entendu et qu'il peut

recevoir le montant de sa taxe , le jour même indiqué dans la citation , à quelque heure que ce soit , il n'a droit à aucune indemnité de séjour.

L'éloignement du domicile du témoin ne change rien à ce principe; car il reçoit des frais de voyage proportionnés au nombre de myriamètres qu'il a parcourus.

Cependant, s'il arrive que l'audition du témoin ne soit terminée que très-tard et après la clôture de l'enregistrement , comme il est forcé d'attendre le lendemain pour recevoir le montant de sa taxe , il peut être accordé un jour de séjour; mais il est indispensable d'énoncer cette circonstance dans la taxe ; ce qui au surplus doit se présenter rarement.

Le témoin sera tenu de faire constater par le Juge de paix ou ses suppléans , ou par le Maire , ou à son défaut par ses Adjoints , la cause du séjour forcé *en route* et d'en représenter le certificat à l'appui de leur demande en taxe.

<table>
<tr><td>FRAIS
DE
JUSTICE CRIMINELLE.</td><td>MODÈLE , N°. 10.
Art. 20 *du réglement
du* 18 *juin* 1811.</td></tr>
</table>

Frais d'exhumation de Cadavre.

Taxé à N... (*sa profession*) , en vertu de l'article 20 du réglement du 18 juin 1811 , la somme de... conformément au tarif du... (ou *conformément* à l'usage de la commune de) , pour...

Ledit N... a déclaré savoir (ou *ne savoir* ou *ne pouvoir*) signer.

A... , le... 18...

Médecins, Chirurgiens, Sages-Femmes, Experts et Interprètes appelés à comparaître aux débats ou devant le Juge d'instruction, à raison de leurs déclarations, visites ou rapports.

Taxé, sur sa réquistion, à N... (*sa profession*), appelé à comparaître à l'effet de... (*indiquer le motif de la comparution*), la somme de... pour (*nombre*) jours, en vertu des articles 25 et 27 (*ou* 28) du réglement du 18 juin 1811 (*et suivant le cas, de l'article* 2, §. 1er. du Décret du 7 avril 1813).

Et attendu qu'il n'y a pas de partie civile en cause (*ou qu'elle a justifié de son indigence*) ordonnons que ladite somme sera payée sur les fonds généraux des frais de justice criminelle par le Receveur de l'enregistrement au bureau de...

A... , le... 18...

Pour acquit...

    N...

Observations.

Les Médecins, chirurgiens, etc., appelés dans le cas de l'article 25 ci-dessus cité, ayant droit à toutes les indemnités qui peuvent être accordées aux témoins ordinaires, la taxe doit toujours être faite d'après le présent modèle, mais en ajoutant, suivant la circonstance, ce qui est indiqué aux 2e., 3e. et 4e. taxes comprises dans le modèle n°. 14.

La Taxe doit mentionner qu'il n'y a pas de partie civile en cause, ou qu'elle a justifié de son indigence, parce que, dans le cas contraire, les exécutoires pour les frais d'instruction, expédition et signification des jugemens, peuvent, aux termes de l'article 159 du réglement, être décernés directement contre la partie civile ; et que même celle-ci, d'après l'article 160, est tenue, à moins qu'elle ne justifie de son indigence, de déposer, avant toutes poursuites, en matière de *police simple* ou *correctionnelle*, au greffe ou entre les mains du Receveur de l'enregistrement la somme présumée nécessaire pour les frais de la procédure.

Lorsque la partie civile refuse, ou néglige de faire l'avance des frais, lorsqu'elle lui est démandée, et qu'elle ne justifie pas de son indigence dans la forme prescrite par l'article 420 du Code d'instruction criminelle, il n'y a pas lieu, en général, de commencer ou de continuer les poursuites, à moins que le délit ne soit très-grave et intéresse essentiellement l'ordre public ; et c'est pourquoi le réglement n'exige pas l'avance des frais en matière criminelle.

Le réglement n'impose pas aux magistrats l'obligation de décerner nécessairement des exécutoires contre la partie civile pour les frais d'instruction, etc. ; mais ils le peuvent, et comme l'exercice de la faculté que le réglement leur laisse à cet égard est un moyen de diminuer le montant des frais dont le trésor doit faire l'avance, ils doivent en user le plus souvent possible, c'est-à-dire, toutes les fois qu'il n'y verront pas de graves inconvéniens.

Quand il y a consignation des frais, toutes taxes, tous les exécutoires doivent être décernés *directement* contre la partie civile, et payés, *en son nom*, par le greffier, sur les sommes déposées. Ainsi les témoins, les experts et autres parties prenantes doivent être payés par le greffier pour le compte de la partie civile, et les taxes doivent en faire une mention expresse.

L'article 158 du réglement, assimile aux parties civiles,

1°. Toute régie ou administration publique, relativement aux procès suivis soit à sa requête, soit même d'office et dans sont intérêt ;

2.° Les communes et les établissemens publics, dans les

procès instruits, ou à leur requête, ou même d'office, pour crimes ou délits commis contre leurs propriétés.

Mais, pour ces administrations et établissemens publics, les frais de justice, suivant une décision du ministère de la justice, du 6 octobre 1812, doivent continuer d'être payés par les préposés de la régie de l'enregistrement et des domaines, qui, pour s'en faire rembourser le montant, tiennent un compte ouvert avec chacune de ces Administrations.

Il faut en excepter l'Administration des contributions indirectes qui fait exclusivement l'avance des frais de procédures instruites dans son intérêt, et la même circulaire du 6 octobre 1812 rappelle qu'il avait été précédemment réglé que les mandats et exécutoires seraient délivrés sur ses préposés.

Mais les autres administrations, les communes et établissemens publics, quoique assimilés aux parties civiles sous les autres rapports, sont dispensés de payer les frais de poursuites pendant la durée de l'instruction, et à plus forte raison d'en consigner le montant. La Direction de l'enregistrement en fait l'avance pour leur propre compte, de sorte que les parties prenantes sont payées dans ces sortes d'affaires, de la même manière et sans plus de difficultés que pour les autres poursuites d'office. Les avances sont faites, non pour le compte du ministère de la justice, mais pour celui des Administrations intéressées, avec lesquelles la direction de l'enregistrement a un compte ouvert.

Taxes des Témoins et des Jurés.

Ire TAXE.

Témoin du sexe masculin entendu dans le lieu de sa résidence, ou dont la résidence n'est pas éloignée de plus d'un myriamètre du lieu où il a été entendu.

Taxé, sur sa réquisition, à N... (*indiquer la qualité ou profession*), témoin entendu dans la procédure dirigée à l'occasion d... (*désigner d'une manière spéciale l'espèce du crime, du délit ou de la contravention*), la somme de... pour (*nombre*) jours en vertu de l'article 27 du réglement du 18 juin 1811 (*et suivant le cas. de l'article 2, §. 1er. du Décret du 7 avril 1813. — S'il s'agit de gardes-champêtres, gardes-forestiers, ou de gendarmes, il faut ajouter l'article 3, §. 2 ou 3 du même Décret*).

Et attendu que le témoin ne reçoit aucun traitement à raison d'un service public, et qu'il n'y a pas de partie civile en cause (*ou qu'elle a justifié de son indigence*), ordonnons que ladite somme sera payée sur les fonds généraux des frais de justice criminelle par le Receveur de l'enregistrement au bureau de...

Ledit témoin a déclaré savoir (ou *ne savoir* ou *ne pouvoir*) signer.

A..., le... 18...

Observations.

Il résulte de l'article 82 du Code d'instruction criminelle et de l'article 26 du réglement, qu'aucune taxe ne peut être accordée aux témoins *qu'autant qu'ils la demandent.* Ainsi le juge taxateur ne peut l'accorder que quand il s'est assuré par lui-même que le temoin l'a réclamée ; et conformément à l'article 36 du réglement précité , *mention expresse doit être faite dans le mandat de paiement que la taxe a été requise.* Cette formalité doit être observée par tous les magistrats qui peuvent avoir à taxer des témoins.

Aucune taxe ne peut être payée que sur l'acquit du témoin ; les Receveurs de l'enregistrement et domaines doivent exiger que cet acquit soit mis , *en leur présence* , au bas de la taxe, et au moment où le témoin se présente pour en recevoir le montant. L'inobservation de cette règle a souvent occasionné de graves abus.

D'après une Décision du Ministre des finances , en date du 24 septembre 1808 , les taxes doivent être payées par les Receveurs *à tout instant et tous les jours* depuis une heure avant le lever et jusqu'à une heure après le coucher du soleil.

Suivant une Circulaire du ministère de la justice , du 16 juin 1823 , les taxes doivent toujours être écrites par les greffiers *eux-mêmes* ou par leurs commis assermentés : les écritures de ce genre rentrent évidemment dans la classe de celles qui, aux termes de l'article 163 du réglement , doivent être faites gratuitement par ces officiers , sous la dictée et l'inspection des magistrats.

Cependant les greffiers n'encourent à ce sujet qu'une responsabilité morale ; les magistrats taxateurs continuent , conformément à l'article 141 du réglement à être seuls responsables , lorsqu'il y aura abus ou exagération dans les taxes accordées.

Suivant une autre Circulaire du Ministère de la justice, du 3 mai 1825 , toutes les fois que la nature de l'affaire n'est pas indiquée dans la cédule ou ne l'est pas suffisamment , il faut nécessairement la rappeler dans la taxe , afin qu'on puisse reconnaître si les frais doivent être supportés par le Ministère de la justice , ou par quelques Administrations , établissemens publics , ou par des Communes, conformément à l'article 158 du réglement.

Quoique les réglemens ne prescrivent pas d'une manière

expresse aux juges taxateurs d'énoncer dans les taxes si les témoins ne savent pas signer, il importe cependant de ne point négliger cette formalité, qu'un long usage a consacrée et qui prévient beaucoup d'abus.

———

La taxe de comparution fixée par les articles 27 et 28 du réglement est due à tout témoin qui n'est pas domicilié à plus d'un myriamètre du lieu où il est entendu.

Au de-là de cette distance, ces articles cessent d'être applicables, et les témoins sont taxés à raison de la distance qu'ils ont parcourue. Ainsi ils ne réunissent point à la taxe ordinaire celle accordée à raison de la distance. Voici à cet égard ce que porte l'article 2 du Décret du 7 avril 1813.

« Les témoins qui ne sont pas domiciliés à plus d'un
» myriamètre du lieu où ils sont entendus, n'auront droit
» à aucune indemnité de voyage ; il ne pourra leur être
» alloué que la taxe fixée par les articles 27 et 28 du ré-
» glement.

« Ceux domiciliés à plus d'un myriamètre recevront
» pour indemnité de voyage, s'ils ne sortent point de leur
» arrondissement, un franc par myriamètre parcouru en
» allant et autant pour le retour.

« S'ils sont appelés hors de leur arrondissement, cette
» indemnité sera d'un franc 50 cent.

« *Dans les deux derniers cas*, la taxe fixée par les articles
» 27 et 28 sus-énoncés ne sera point allouée ; sans néan-
» moins rien innover à l'article 30 dudit réglement, relatif
» aux frais de séjour ».

———

Tous les témoins qui reçoivent un traitement quelconque à raison d'un service public, n'auront droit qu'au remboursement des frais de voyage, s'il y a lieu, et s'ils requièrent, sur le pied réglé dans le chapitre 8 du réglement (article 32 du réglement).

On doit entendre par un traitement quelconque, tout ce qui est payé, soit sur les fonds du trésor royal, soit sur les fonds départementaux, municipaux ou communaux, et à quelque titre et sous quelque dénomination que ce soit.

Néanmoins, les gardes champêtres et forestiers et les gendarmes cités en témoignage sont assimilés aux autres témoins par l'article 3 du Décret du 7 avril 1813.

2e. TAXE.

Témoin du sexe féminin, ou enfant de l'un ou l'autre sexe au-dessous de quinze ans, entendu dans le lieu de sa résidence, ou dont la résidence n'est pas éloignée de plus d'un myriamètre du lieu où il a été entendu.

Taxé, sur sa réquisition, à N..., domiciliée à..., témoin entendu dans la procédure dirigée à l'occasion d... (*désigner d'une manière spéciale l'espèce du crime, du délit ou de la contravention*), la somme de... pour (*nombre*) jours, en vertu de l'article 28 du réglement du 18 juin 1811 (et, suivant le cas, de l'article 2, §. 1er, du Décret du 7 avril 1813).

Et attendu qu'il n'y a pas de partie civile en cause (*ou qu'elle a justifié de son indigence*), ordonnons, etc.

Le reste comme à la 1re. taxe.

3e. TAXE.

Témoin qui s'est transporté à plus d'un myriamètre de sa résidence, mais dans son arrondissement.

Taxé, sur sa réquisition, à N..., domicilié à..., canton d..., témoin entendu dans la procédure dirigée à l'occasion d... (*désigner d'une manière spéciale l'espèce du crime, du délit ou de la contravention*), la somme de... pour (*nombre*) myriamètres parcourus, en vertu de l'article 2 du Décret du 7 avril 1813.

Et attendu qu'il n'y a pas de partie civile en cause (*ou qu'elle a justifié de son indigence*), ordonnons, etc.

Le reste comme à la 1re. taxe.

Observations.

Lorsqu'il y a lieu d'accorder des indemnités de séjour, la taxe doit être motivée ainsi : *Taxé*, etc., etc., *la somme de...* ; *savoir :...* fr... cent. *pour* (nombre) *myriamètres parcourus en vertu de l'art. 2, §. 2 du Décret du 7 avril* 1813, *etc*, *...* fr... cent. *pour* (nombre) *jours de séjour forcé constaté par le certificat ci-joint, conformément à l'article* 95, *n°.* 2 *du réglement du 18 juin* 1811 *et ...* fr... cent. *pour* (nombre) *jours à...*, *où l'instruction a eu lieu, conformément à l'article* 96, *n°.* 2 *du même réglement.*

S'il s'agit de gardes-champêtres, gardes-forestiers, ou de gendarmes, il faut ajouter aux articles précédens l'article 3, §. 2 ou 3, du Décret du 7 avril 1813.

L'indemnité est réglée par myriamètres et demi-myriamètres. Les fractions de 8 ou 9 kilomètres séront comptées pour un myriamètre, et celle de 3 à 7 kilomètres pour un demi-myriamètre (Article 92 du réglement).

La réduction des kilomètres en myriamètres ne doit pas se faire isolément, d'abord sur les kilomètres parcourus en allant, puis sur les kilomètres parcourus en revenant, mais sur les kilomètres *réunis tant de l'aller que du retour.* Ainsi, lorsque le domicile d'un témoin est éloigné d'un myriamètre trois kilomètres, on ne doit pas compter un myriamètre et demi pour l'aller et un myriamètre et demi pour le retour, mais il faut réunir les trois kilomètres parcourus en allant avec les trois kilomètres parcourus en revenant, et compter en tout deux myriamètres six kilomètres, c'est-à-dire, deux myriamètres et demi.

On doit faire attention que, quand la distance du domicile du témoin au lieu où il est appelé, n'excède pas un myriamètre, il n'est dû aucun frais de voyage ; l'article 2 du Décret du 7 avril 1813 est formel à ce sujet ; mais il en est dû si la distance excède un myriamètre, ne fut-ce que d'un kilomètre. La taxe alors doit indiquer d'une ma-manière exacte cette distance, et toujours en se conformant au tableau dressé en exécution de l'article 93 du réglement.

« *Pour faciliter le réglement de cette indemnité* (celle réglée
» par les articles 90, 91 et 92) porte l'article 93 du régle-
» ment, *les Préfets feront* dresser un tableau des distances
» en myriamètres et kilomètres, de chaque commune au
» chef-lieu de canton, au chef-lieu d'arrondissement et au
» chef-lieu de département. Ce tableau sera déposé aux
» greffes des Cours royales, des Tribunaux de 1re. instance
» et des Justices de paix ».

Le tableau des distances est obligatoire pour tous les ma-gistrats, et il ne doit jamais être accordé plus de myria-mètres parcourus que ne le porte ce tableau ; sauf, s'il y a des erreurs, à les indiquer aux officiers du ministère public pour les faire rectifier.

Voyez ci-après le tableau des distances tel qu'il a été dressé pour le département de la Seine par le Préfet.

4e. TAXE.

Témoin qui s'est transporté à plus d'un myriamètre de sa ré-sidence, mais hors de son arrondissement.

Taxé, sur sa réquisition, à N..., domicilié à..., canton d..., arrondissement d..., département d... (*le reste comme aux* 1re. *et* 3e. *taxes, en citant le* §. 3 *aulieu du* § 2 *du Décret du* 7 *avril* 1813).

5e. TAXE.

Enfant mâle au-dessous de 15 *ans, et fille au-dessous de* 21 *ans, lorsqu'ils se transportent à plus d'un myriamètre de leur résidence, et qu'ils sont accompagnés.*

Taxé, sur sa réquisiton, à N... domicilié à... canton d..., arrondissement d..., département d..., témoin entendu dans la procédure dirigée à l'occasion d... (*désigner d'une manière spéciale l'espèce du crime, du délit, ou de la contravention*), et à N... (*désigner la qualité de père , mère , tuteur ou curateur*) du témoin qui l'a accompagné, la somme de... (*le reste comme aux* 1ʳᵉ. , 2ᵉ. *et* 4ᵉ. *taxes , en citant de plus l'article* 97 *du réglement*).

6ᵉ. TAXE.

Militaire en activité de service.

Taxé , sur sa réquisition , à N... , soldat (*ou son grade*) au... (*numéro*) régiment d... (*désigner l'arme*) en garnison (ou *en cantonnement*) à... , témoin entendu dans la procédure dirigée à l'occasion d... (*désigner d'une manière spéciale l'espèce du crime , du délit ou de la contravention*) , la somme de... , pour... (*nombre*) jours de séjour forcé , en vertu des articles 31 et 96 , n°. 2 , du réglement du 18 juin 1811.

Et attendu qu'il n'y a pas de partie civile en cause (*ou qu'elle a justifié de son indigence*) , ordonnons... (*le reste comme à la* 1ʳᵉ. *taxe*).

Observation.

Les indemnités de route des militaires en activité de service appelés en témoignage ne sont pas comprises dans les frais de justice criminelle ; il leur est tenu compte de ces indemnités sur les fonds du Ministère de la guerre ; cependant il leur est accordé , sur les fonds du Ministère de la justice , des *frais de séjour forcé* hors de leur garnison ou cantonnement. Ces frais ne peuvent et ne doivent être alloués que pour les jours que ces militaires sont obligés de passer dans les villes où ils sont appelés en témoignage, et où leur présence est nécessaire. On ne doit pas comprendre dans la taxe , *le jour de leur arrivée , ni celui du départ.*

7ᵉ. TAXE.

Taxe ou mandat qui doit être délivré , en vertu de l'article 135 *du réglement du* 18 *juin* 1811 , *au témoin qui se trouve hors d'état de fournir aux frais de son déplacement.*

Nous, Président de la Cour (ou *du Tribunal*) séant à... ,

département d... (ou *Juge de paix* du canton d..., arrondissement d..., département d...),

Vû la copie de l'exploit de citation délivré à N... pour comparaître en témoignage par devant la Cour (ou *le Tribunal*) d... département d... ;

Vû le certificat ci-joint, délivré par le Maire de la commune de... constatant l'impossibilité où se trouve le témoin de fournir aux frais de son déplacement ;

Mandons au Receveur de l'enregistrement établi à... de payer audit N... la somme de... (1).

A... , le... 18..

8e. TAXE.

Jurés.

Taxé, sur sa réquisition, à N... , juré, domicilié à... , canton d..., arrondissement d..., la somme de... pour (*nombre*) myriamètres parcourus, en exécution des articles 35 et 91, n°. 1er., du réglement du 18 juin 1811.

A... , le... 18...

N... , Président.

Pour acquit.

N... , Juré.

Observations.

Lorsqu'il y a lieu d'accorder une indemnité de séjour , la taxe doit être motivée ainsi : *Taxé, etc. etc., la somme de.., savoir :... fr... cent. pour (nombre), myriamètres parcourus, en exécution des articles 35 et 91, n.º 1er., du réglement du 18 juin 1811, et.. fr.... cent. pour (nombre) jours de séjour forcé à... constaté par certificat ci-joint, en vertu de l'article 95 n°. 1er., du même réglement.*

____

(1) La somme allouée à titre d'à-compte ne doit pas excéder le montant de l'indemnité qui est due pour aller.

Comme pour les témoins , lorsque les magistrats accordent des frais de voyage aux jurés , il faut qu'ils *s'assurent par eux-mêmes* que les jurés réclament des frais de voyage , puisque ce n'est que sur leur demande formelle qu'ils peuvent et doivent leur être accordés , conformément à l'article 36 du réglement. Si la formalité prescrite par l'article 36 , qui prescrit de faire mention dans les mandats que la taxe a été requise , n'était pas remplie , la taxe serait rejetée.

FRAIS
DE
JUSTICE CRIMINELLE.

N..., gardien de scellés
(ou *d'objets mis en fourrière*).

MODÈLE, N°. 15.
*Art. 37 du réglement
du 18 juin 1811.*

Mémoire de l'indemnité due à N... , *établi par...* (désigner l'autorité qui a nommé le gardien) *pour garder les scellés apposés sur...* (indiqer la nature des objets mis sous les scellés) de N... , prévenu de...

Ou *pour garder...* (indiquer les objets mis en fourrière) *mis en fourrière.*

Savoir :

Du... au... inclus (*nombre*) jours , lesquels , à raison d... pour chaque jour , d'après l'article 37 du réglement du 18 juin 1811 , produisent la somme de... (*en chiffres*).

Je soussigné , gardien , certifie véritable le présent mémoire pour la somme de... (en toutes lettres).

A... , le... 18...

Réquisitoire.

Nous... , (*indiquer l'Officier du ministére public*),

Vû l'article 37 du réglement du 18 juin 1811 et l'Ordonnance de nomination du gardien , requérons , conformément à l'article 140 du même réglement , qu'il soit délivré exécutoire par... (*indiquer ici la qualité du magistrat qui doit délivrer cet exécutoire*), sur la caisse de l'Administration de l'enregistrement et des domaines, pour le paiement de la somme de... montant dudit mémoire.

A..., le... 18...

Exécutoire.

Nous, Président de la Cour (*ou du Tribunal*) séant à..., département d...;

Vû le réquisitoire ci-dessus et la copie de l'Ordonnance ci-jointe ;

Avons arrêté et rendu exécutoire le présent mémoire pour la somme de..., montant de la taxe que nous en avons faite ; et, attendu qu'il n'y a pas de partie civile en cause (*ou qu'elle a justifié de son indigence*), ordonnons que ladite somme sera payée par le Receveur de l'enregistrement au bureau de...

A..., le... 18...

Visa.

Nous, Préfet du département d...

Vû l'article 152 du réglement du 18 juin 1811 ,

Avons vérifié le présent mémoire et l'avons réglé à la somme de...

A..., le... 18...

TARIF EN MATIÈRE CRIMINELLE.

Décret du 18 juin 1811. — Articles en vertu desquelles les modèles d'États et de Taxes insérés dans cet Ouvrage ont été dressés.

4. Les prévenus ou accusés seront conduits à pied par la gendarmerie, de brigade en brigade : néanmoins ils pourront, si des circonstances extraordinaires l'exigent, être transférés soit en voiture, soit à cheval, sur les réquisitions motivées de nos officiers de justice.

Les réquisitions seront rapportées en original, ou par

copies duement certifiées par les officiers qui donneront les ordres, à l'appui de chaque état ou mémoire de frais à fournir par ceux qui auront fait le transport.

5. Lorsque la translation par voie extraordinaire sera ordonnée d'office ou demandée par le prévenu ou accusé, à cause de l'impossibilité où il se trouverait de faire ou de continuer le voyage à pied, cette impossibilité sera constatée par certificat de médecin ou de chirurgien.

Ce certificat sera mentionné dans la réquisition et y demeurera joint.

6 Dans les cas d'exception ci-dessus, la translation des prévenus ou accusés sera faite par les entrepreneurs généraux des transports et convois militaires, et aux prix de leur marché (1).

Dans les localités où le service des transports militaires ne sera point organisé, les réquisitions seront adressées aux officiers municipaux, qui y pourvoiront par les moyens ordinaires et aux prix les plus modérés.

7. Les prévenus et accusés pourront toujours se faire transporter en voiture à leurs frais, en se soumettant aux mesures de précaution que prescrira le magistrat qui aura ordonné la translation, ou le chef d'escorte chargé de l'exécuter.

9. Les procédures et les effets pouvant servir à conviction ou à décharge, seront transportés par les gendarmes chargés de la conduite des prévenus ou accusés.

Si, à raison du poids ou du volume, ces objets ne peuvent être transportés par les gendarmes, ils le seront, d'après un ordre par écrit du magistrat qui ordonnera le trans-

---

(1) Le Garde des sceaux, ministre de la justice, a pris le 20 octobre 1823, l'arrêté suivant :

Lorsque les prévenus et accusés civils devront être transportés, soit en voiture, soit à cheval, leur translation sera effectuée par le sieur *Hyrvoix*, dans toute l'étendue du royaume, y compris la Corse.

port, soit par les messageries, soit par les entrepreneurs des transports et convois militaires, soit par toute autre voie plus économique, sauf les précautions convenables pour la sûreté des objets.

12. Si, pour l'exécution d'ordres supérieurs, relatifs à la translation des prévenus ou accusés, il est nécessaire d'employer des moyens extraordinaires de transport, tels que la poste, les diligences ou autres voies semblables, les frais de ce transport et autres dépenses que les gendarmes se trouveront obligés de faire en route, leur seront remboursés comme frais de justice criminelle, sur leurs mémoires détaillés, auxquelles ils joindront les ordres qu'ils auront reçus, ainsi que des quittances particulières pour les dépenses de nature à être ainsi constatées.

Si les gendarmes n'ont pas des fonds suffisans pour faire les avances, il leur sera délivré un mandat provisoire de la somme présumée nécessaire, par le magistrat qui ordonnera le transport.

Il sera fait mention du montant de ce mandat sur l'ordre de transport.

A leur arrivée à leur destination, les gendarmes feront régler définitivement leur mémoire par le magistrat devant qui le prévenu devra comparaître.

Il ne sera alloué aux gendarmes aucun frais de retour ; ils recevront seulement l'indemnité prescrite par les articles 68 et 69 de la loi du 28 germinal an VI.

13. Lorsqu'en conformité des dispositions du Code d'instruction criminelle sur le faux, et dans les cas prévus notamment par les articles 452 et 454, des dépositaires publics, tels que les greffiers, notaires, avoués et huissiers, seront tenus de se transporter au greffe ou devant un juge d'instruction pour remettre des pièces arguées de faux, ou des pièces de comparaison, il leur sera alloué, pour chaque vacation de trois heures, la même indemnité qui leur est

accordée par l'article 166 du décret du 16 février 1807, relativement à l'inscription de faux incident (1).

Les dépositaires publics auront toujours le droit de faire en personne le transport et la remise des pièces, sans qu'on puisse les obliger à les confier à des tiers.

14. Les autres dépositaires particuliers recevront pour le même objet l'indemnité réglée par ledit article 166.

15. Dans les cas prévus par les deux articles précédens, les frais de voyage et de séjour des greffiers, notaires, avoués et dépositaires particuliers, seront réglés ainsi qu'il sera dit dans le même chapitre 8 ci après, pour les médecins, chirurgiens, etc.

Quant aux huissiers, on se conformera aux dispositions dudit chapitre 8 en ce qui les concerne.

20. Pour les frais d'exhumation des cadavres, on suivra les tarifs locaux.

25. Dans tous les cas où les médecins, chirurgiens, sages-femmes, experts et interprètes seront appelés, soit devant le juge d'instruction, soit aux débats, à raison de leurs déclarations, visites ou rapports, les indemnités dues pour

---

(1) *Art.* 166. Il sera taxé aux dépositaires qui devront représenter les pièces de comparaison en vérification d'écritures ou arguées de faux, en inscription de faux incident, indépendamment de leurs frais de voyage, par chaque vacation de trois heures devant le juge-commissaire ou le greffier ; savoir :

1°. Aux greffiers..	1°. des cours d'appel...............	12	»
	2°. de justice criminelle (C. d'assises).	12	»
	3°. des tribunaux de première instance.	10	»
2°. Aux notaires..	1°. de Paris....................	9	»
	2°. des départemens...............	6	75
3°. Aux avoués...	1°. des cours royales	8	»
	2°. des tribunaux de première instance.	6	»
4°. Aux huissiers..	1°. de Paris....................	5	»
	2°. des départemens.	4	»

5°. Aux autres fonctionnaires publics ou autres particuliers, s'ils le requièrent .... 6 »

cette comparution leur seront payées comme à des témoins, s'ils requièrent la taxe.

26. Conformément à l'article 82 du Code d'instruction criminelle, les témoins entendus dans l'instruction et lors du jugement des affaires criminelles et de police, recevront, s'ils le demandent, une indemnité qui demeure réglée ainsi qu'il suit.

27. Pour chaque jour que le témoin aura été détourné de son travail ou de ses affaires, il pourra lui être taxé, savoir :

Dans notre bonne ville de Paris, deux francs ;

Dans les villes de quarante mille habitans et au-dessus, un franc cinquante centimes ;

Dans les autres villes et communes, un franc ;

28. Les témoins du sexe féminin, admis à déposer, et les enfans de l'un et de l'autre sexe au-dessous de l'âge de quinze ans, entendus par forme de déclaration, recevront, savoir :

A Paris, un franc vingt-cinq centimes ;

Dans les villes de quarante mille habitans et au-dessus un franc ;

Dans les autres villes et communes, soixante-quinze cent.

30. Si les témoins sont obligés de se transporter hors du lieu de leur résidence, il pourra leur être alloué des frais de voyage et de séjour, tels qu'ils seront réglés dans le chapitre 8 ci-après.

Audit cas, les frais de séjour, tels qu'ils seront fixés par le n°. 2 de l'article 96 ci-après, leur tiendront lieu de la taxe déterminée dans les articles 27 et 28 ci-dessus (1).

31. Nos officiers de justice n'accorderont aucune taxe aux militaires en activité de service, lorsqu'ils seront appelés en témoignage.

---

(1) Cette disposition n'est applicable que lorsque les témoins se transportent à plus d'un myriamètre de leur résidence (*Art. 2 du Décret du 7 avril* 1813).

Néanmoins il pourra leur être accordé une indemnité pour leur séjour forcé hors de leur garnison ou cantonnement, en se conformant, pour les officiers de tout grade, à la fixation faite par le n°. 2 de l'article 96 du présent décret, et en allouant la moitié seulement de ladite indemnité aux sous-officiers et soldats.

32. Tous les témoins qui reçoivent un traitement quelconque, à raison d'un service public, n'auront droit qu'au remboursement des frais de voyage, s'il y a lieu, et s'ils le requièrent, sur le pied réglé dans le chapitre 8 ci-après.

33. Conformément à la loi du 5 pluviôse an XIII, l'indemnité accordée aux témoins ne sera avancée par le trésor royal, qu'autant qu'ils auront été cités, soit à la requête du ministère public, soit en vertu d'ordonnance rendue d'office, dans les cas prévus par les articles 269 et 303 du Code d'instruction criminelle (1).

34. Les témoins cités à la requête, soit des accusés, conformément à l'art. 321 du Code d'instruction criminelle, soit des parties civiles, conformément à la loi du 5 pluviôse an XIII, recevront les indemnités ci-dessus déterminées ; elles leurs seront payées par ceux qui les auront appelés en témoignage.

35. Les jurés qui auront été obligés de se transporter à plus de deux kilomètres de leur résidence actuelle, pourront être remboursés des frais de voyage seulement, sur le pied

---

(1) Les citations et significations faites à la requête des prévenus ou accusés, seront à leurs frais, ainsi que les salaires des témoins qu'ils feront entendre ; sauf à la partie publique à faire citer, à sa requête, les témoins qui lui seraient indiqués par les prévenus ou accusés, dans les cas où elle jugerait que leur déclaration pût être nécessaire pour la découverte de la vérité ; sans préjudice encore du droit de la cour de justice criminelle, d'ordonner, dans le cours des débats, lorsqu'elle le jugera utile, que de nouveaux témoins seront entendus.

Depuis la suppression des cours de justice criminelle, et d'après les art. 269, 303 du Code d'instruction criminelle, c'est au président de la cour d'assises que ce droit appartient.

réglé dans le chapitre 8 ci-après, si toutefois ils le requièrent; et il ne sera rien alloué pour toute autre cause que ce soit, à raison de leurs fonctions.

36. Les officiers de justice énonceront, dans les mandats qu'ils délivreront au profit des témoins et des jurés, que la taxe a été réquise.

37. Dans les cas prévus par les articles 16, 35, 37, 38, 89 et 90 du Code d'instruction criminelle, il ne sera accordé de taxe pour la garde des scellés, que lorsque le juge instructeur n'aura pas jugé à propos de confier cette garde à des habitans de la maison où les scellés auront été apposés.

Dans ce cas il sera alloué, pour chaque jour, au gardien nommé d'office, savoir :

Dans notre bonne ville de Paris, deux fr. cinquante cent. ;

Dans les villes de quarante mille habitans et au-dessus, deux francs ;

Dans les autres villes et communes, un franc.

90. Il est accordé des indemnités aux médecins, chirurgiens, sages-femmes, experts, interprètes, témoins, jurés, huissiers et gardes champêtres et forestiers, lorsqu'à raison des fonctions qu'ils doivent remplir, et notamment dans les cas prévus par les art. 20, 43 et 44 du Code d'instruction criminelle, ils sont obligés de se transporter à plus de deux kilomètres de leur résidence, soit dans le canton, soit au-delà.

91. Cette indemnité est fixée pour chaque myriamètre parcouru en allant et en revenant, savoir :

1°. Pour les médecins, chirurgiens, experts, interprètes et jurés ; à deux francs cinquante centimes;

2°. Pour les sages-femmes, témoins, huissiers, gardes champêtres et forestiers, à un franc cinquante centimes;

92. L'indemnité sera réglée par myriamètre et demi-myriamètre.

Les fractions de huit ou neuf kilomètres, seront comptées

pour un myriamètre, et celles de trois à sept kilomètres pour un demi myriamètre.

93. Pour faciliter le réglement de cette indemnité, les Préfets feront dresser un tableau des distances en myriamètres et kilomètres, de chaque commune au chef-lieu de canton, au chef-lieu d'arrondissement, et au chef-lieu de département.

Ce tableau sera déposé aux greffes des Cours royales, des Tribunaux de première instance et des justices de paix, et il sera transmis à notre grand-juge ministre de la justice.

95. Lorsque les individus dénommés ci-dessus seront arrêtés, dans le cours du voyage, par force majeure, ils recevront en indemnité, pour chaque jour de séjour forcé, savoir :

1°. Ceux de la première classe, deux francs ;

1°. Ceux de la seconde, un franc cinquante centimes.

Ils seront tenus de faire constater par le juge de paix ou ses suppléans, ou par le maire, ou à son défaut par ses adjoints, la cause du séjour forcé en route, et d'en représenter le certificat à l'appui de leur demande en taxe.

96. Si les mêmes individus, autres que les jurés, huissiers, gardes champêtres et forestiers, sont obligés de prolonger leur séjour dans la ville où se fera l'instruction de la procédure, et qui ne sera point celle de leur résidence, il leur sera alloué, pour chaque jour de séjour, une indemnité fixée ainsi qu'il suit :

1°. Pour les médecins, chirurgiens, experts et interprètes ;

Dans notre bonne ville de Paris, quatre francs ;

Dans les villes de quarante mille habitans et au-dessus, deux francs cinquante centimes ;

Dans les autres villes et communes, deux francs ;

2°. Pour les sages-femmes et témoins,

Dans notre bonne ville de Paris, trois francs ;

Dans les villes de quarante mille habitans et au-dessus, deux francs ;

Dans les autres villes et communes, un franc cinquante centimes.

97. La taxe des indemnités de voyage et de séjour sera double pour les enfans mâles au-dessous de l'âge de quinze ans et pour les filles au-dessous de l'âge de vingt-un ans, lorsqu'ils seront appelés en témoignage, et qu'ils seront accompagnés, dans leur route et séjour, par leur père, mère, tuteur ou curateur, à la charge par ceux-ci de justifier leur qualité.

135. Lorsqu'un témoin se trouvera hors d'état de fournir aux frais de son déplacement, il lui sera délivré par le président de la Cour ou du Tribunal du lieu de sa résidence, et à son défaut, par le juge de paix, un mandat provisoire à compte de ce qui pourra lui revenir pour son indemnité.

Le receveur de l'enrégistrement, qui acquittera ce mandat, fera mention de l'à-compte en marge ou au bas de la copie de la citation.

138. Les dépenses non réputées urgentes seront payées sur les états ou mémoires des parties prenantes, revêtus de la taxe et de l'exécutoire du juge, et du visa du préfet du département.

139. Les états ou mémoires seront taxés article par article, et l'exécutoire sera délivré à la suite; le tout dans la forme qui sera prescrite par notre grand-juge ministre de la justice.

La taxe de chaque article rappellera la disposition du présent décret sur laquelle elle sera fondée.

140. Les formalités de la taxe et de l'exécutoire seront remplies sans frais par les présidens, les juges d'instruction et les Juges de paix, chacun en ce qui le concerne.

L'exécutoire sera décerné sur les réquisitions de l'officier du ministère public, lequel signera la minute de l'ordonnance.

141. Les juges qui auront décerné les mandats ou exécutoires, et les officiers du ministère public qui y auront

apposé leur signature , seront responsables de tout abus ou exagération dans les taxes , solidairement avec les parties prenantes et sauf leur recours contre elles.

142. Les présidens et les juges d'instruction ne pourront refuser de taxer et de rendre exécutoires , s'il y a lieu , des états ou mémoires de frais de justice criminelle, par la seule raison que ces frais n'auraient pas été faits par leur ordre direct, pourvu toutefois qu'ils aient été faits en vertu des ordres d'une autorité compétente, dans le ressort de la cour ou du tribunal que ces juges président ou dont ils sont membres.

143. Les états ou mémoires taxés et rendus exécutoires ainsi qu'il est dit dans les articles précédens, seront vérifiés par le préfet du département, qui apposera son *visa* sans frais au bas de l'exécutoire; le tout dans la forme qui sera indiquée par notre grande-juge ministre de la justice.

144. Les états ou mémoires seront dressés de manière que nos officiers de justice et les préfets puissent y apposer leurs taxes, exécutoires, réglement et *visa*; autrement ils seront rejetés, ainsi que les mémoires de greffiers ou d'huissiers qui ne seraient point conformes aux modèles arrêtés par notre grand-juge ministre de la justice, comme il est dit dans l'art. 82 ci-dessus.

145. Il sera fait de chaque état ou mémoire trois expéditions, dont une sur papier timbré et deux sur papier libre.

Chacune de ces expéditions sera revêtue de la taxe et de l'exécutoire du juge , et du *visa* du préfet.

La première sera remise au payeur avec les pièces au soutien des articles susceptibles d'être ainsi justifiés.

Le prix du timbre tant de l'état ou mémoire que des pièces à l'appui est à la charge de la partie prenante.

L'une des expéditions sur papier libre restera déposée aux archives de la préfecture.

L'autre sera transmise à notre grand-juge ministre de la justice , avec l'état du trimestre dont il sera parlé ci-après.

146. Les états ou mémoires qui ne s'élèveront pas à plus de dix francs, ne seront point sujets à la formalité du timbre.

147. Aucun état ou mémoire fait au nom de deux ou plusieurs parties prenantes ne sera rendu exécutoire, s'il n'est signé de chacune d'elles : le paiement ne pourra être fait que sur leur acquit individuel, ou sur celui de la personne qu'elles auront autorisée spécialement, et par écrit, à toucher le montant de l'état ou mémoire.

Cette autorisation et l'acquit seront mis au bas de l'état, et ne donneront lieu à la perception d'aucun droit.

148. Les états ou mémoires qui comprendraient des dépenses autres que celles qui, d'après notre présent décret, doivent être payées sur les fonds généraux des frais de justice, seront rejetés de la taxe et du *visa*, sauf aux parties réclamantes à diviser leurs mémoires par nature de dépenses, pour le montant en être acquitté par qui de droit.

152. Les Préfets ne délivreront leurs mandats et n'apposeront leur *visa* sur les exécutoires, que d'après les règles établies d'après notre présent décret, et après une exacte vérification de chacun des articles de dépense portés dans les états ou mémoires.

Ils réduiront au taux convenable les sommes qui surpasseraient les fixations faites par nos décrets, et les articles non tarifés qui leur paraîtraient exagérés.

Ils rejetteront en totalité les dépenses non autorisées ou non suffisamment justifiées, et celles dont la taxe ne rappellerait pas l'article qui l'autorise, ainsi qu'il est dit dans l'article 139 ci-dessus.

Ils pourront exiger la représentation des pièces, à l'effet de vérifier les taxes soumises à leur révision.

158. Sont assimilés aux parties civiles,

1°. Toute régie ou administration publique, relativement aux procès suivis, soit à sa requête, soit même d'office et dans son intérêt ;

2°. Les communes et les établissemens publics, dans les

procès instruits, ou à leur requête, ou même d'office, pour crimes ou délits commis contre leurs propriétés.

159. Toutes les fois qu'il y aura partie civile en cause, et qu'elle n'aura pas justifié de son indigence dans la forme prescrite par l'article 420 du Code d'instruction criminelle, les exécutoires pour les frais d'instruction, expédition et signification des jugemens, pourront être décernés directement contre elle.

160. En matière de police simple ou correctionnelle, la partie civile qui n'aura pas justifié de son indigence sera tenue, avant toutes poursuites, de déposer au greffe ou entre les mains de l'enregistrement, la somme présumée nécessaire pour les frais de la procédure.

Il ne sera exigé aucune rétribution pour la garde de ce dépôt, à peine de concussion.

163. Il sera dressé, pour chaque affaire criminelle, correctionnelle ou de simple police, un état de liquidation des frais autres que ceux qui sont mentionnés dans l'article précédent ; et lorsque cette liquidation n'aura pu être insérée, soit dans l'ordonnance de mise en liberté, soit dans l'arrêt ou le jugement de condamnation, d'absolution ou d'acquittement, le juge compétent décernera exécutoire contre qui de droit, au bas dudit état de liquidation.

Extrait du Décret du 7 avril 1813, qui modifie quelques dispositions de celui du 18 juin 1811.

ART. 1er. Il ne sera plus accordé de double taxe aux témoins dans le cas prévu par l'article 29 du réglement du 18 juin 1811.

2. Les témoins qui ne seront pas domiciliés à plus d'un myriamètre du lieu où ils seront entendus, n'auront droit à aucune indemnité de voyage ; il ne pourra leur être alloué que la taxe fixée par les articles 27 et 28 du réglement.

Ceux domiciliés à plus d'un myriamètre, recevront pour indemnité de voyage, s'ils ne sortent point de leur arrondissement , un franc par myriamètre parcouru en allant , et autant pour le retour.

S'ils sont appelés hors de leur arrondissement , cette indemnité sera d'un franc cinquante centimes.

Dans les deux derniers cas , la taxe fixée par les articles 27 et 28 susénoncés ne sera point allouée , sans néanmoins rien innover à l'article 30 dudit réglement , relatif aux frais de séjour.

3. Il n'est dû aucun frais de voyage aux gardes champêtres ou forestiers , tant pour la remise qu'ils sont tenus de faire de leurs procès-verbaux , conformément aux articles 18 et 20 du Code d'instruction criminelle , que pour la conduite des personnes par eux arrêtées devant l'autorité compétente.

Mais lorsque ces gardes seront appelés en justice , soit pour être entendus comme témoins , lorsqu'ils n'auront point dressé de procès-verbaux , soit pour donner des explications sur les faits contenus dans les procès-verbaux qu'ils auront dressés , ils auront droit aux mêmes taxes que les témoins ordinaires.

Il en sera de même des gendarmes.

4. L'augmentation de la taxe accordée par l'article 94 , pour frais de voyage pendant les mois de novembre , décembre , janvier et février , est également supprimée , tant pour les témoins , que pour les autres parties prenantes désignées dans l'article 91.

FIN.

TABLE

DES MATIÈRES.

FIN DE LA TABLE.

LOTTIN DE S.-GERMAIN, IMPRIMEUR, RUE DE NAZARETH, N.º 1.

TABLEAU DES DISTANCES

EN MYRIAMÈTRES ET KILOMÈTRES DE CHAQUE COMMUNE DU DÉPARTEMEN

OBSERVATION.

La lieue légale est de 2,283 toises.
1 kilomètre vaut 513 toises ou moins d'un quart de lieue.

4 kilomètres valent 2,052 toises o
9 kilomètres valent 2 lieues 51 tois
1 myriamètre vaut 2 lieues 564 toi

NOMS des Chefs-Lieux judiciaires d'arrondiss.	NOMS des Chefs-Lieux judiciaires de canton.	DÉSIGNATION des COMMUNES.	Distance de chaque commune au Chef-Lieu judiciaire du canton Myr	du canton Kil.	de l'arr. Myr	de l'arr. Kil.	du départ. Myr	du départ. Kil.
SCEAUX..	SCEAUX	*Antony*	»	5	»	5	1	3
Idem.	VILLEJUIF	*Arcueil*	»	3	»	7	»	7
S.-DENIS..	NANTERRE	*Asnières*	»	9	»	8	»	8
Idem.	S.-DENIS	*Aubervilliers*	»	4	»	4	»	8
Idem.	NEUILLY	*Auteuil*	»	5	1	3	»	7
SCEAUX...	SCEAUX	*Bagneux*	»	1	»	1	»	8
S.-DENIS..	PANTIN	*Bagnolet*	»	6	1	1	»	7
Idem.	*Idem.*	*Baubigny*	»	4	»	1	1	1
Idem.	*Idem.*	*Belleville*	»	3	»	8	»	4
SCEAUX..	CHARENTON-LE-PONT.	*Bercy*	»	3	1	5	»	4
S.-DENIS..	PANTIN	*Bondy*	»	5	1	1	1	2
SCEAUX...	CHARENTON-LE-PONT.	*Bonneuil*	»	9	1	5	1	5
S.-DENIS..	NEUILLY	*Boulogne*	»	7	1	4	1	1
SCEAUX...	SCEAUX	*Bourg-la-Reine.*	»	2	»	2	»	9
S.-DENIS..	PANTIN	*Bourget (le)*	»	7	»	6	1	2
SCEAUX...	CHARENTON-LE-PONT.	*Branche du pont de S.-Maur (la).*	»	4	1	8	1	»
Idem.	*Idem.*	*Bry-sur-Marne.*	»	9	2	2	1	4
Idem.	*Idem.*	*Champigny*	»	8	2	1	»	4
S.-DENIS..	S.-DENIS	*Chapelle (la)*	»	4	»	5	»	4
SCEAUX...	CHARENTON-LE-PONT.	*Charenton-le-Pont*	»	»	1	5	»	6
Idem.	*Idem.*	*Charenton-St.-Maurice*	»	1	1	6	»	7
S.-DENIS..	PANTIN	*Charonne*	»	5	1	1	»	5
SCEAUX...	SCEAUX	*Châtenay*	»	6	»	6	1	4
Idem.	*Idem.*	*Châtillon*	»	4	»	4	»	8
Idem.	VILLEJUIF	*Chevilly*	»	4	»	5	1	1
Idem.	*Idem.*	*Choisy-le-Roi*	»	6	»	9	1	2
Idem.	SCEAUX	*Clamart*	»	6	»	6	1	»
S.-DENIS..	NEUILLY	*Clichy*	»	5	»	7	»	7
Idem.	NANTERRE	*Colombe*	»	6	1	1	1	3
Idem.	*Idem.*	*Courbevoie*	»	6	1	2	»	9
S.-DENIS..	S.-DENIS	*Courneuve (la)*	»	2	»	2	1	»
SCEAUX...	CHARENTON-LE-PONT.	*Creteil*	»	4	1	4	1	1
S.-DENIS...	S.-DENIS	*Denis (St.)*	»	»	»	»	1	»
Idem.	*Idem.*	*Dugny*	»	6	»	6	1	4
Idem.	*Idem.*	*Epinay*	»	5	»	5	1	4
SCEAUX...	SCEAUX	*Fontenay-aux-Roses*	»	2	»	2	1	»
Idem.	VINCENNES	*Fontenay-sous-Bois*	»	3	2	1	1	»
Idem.	VILLEJUIF	*Fresnes*	»	3	»	3	1	3

NOMS des Chefs-Lieux judiciaires d'arrondiss.	NOMS des Chefs-Lieux judiciaires de canton.
S.-DENIS...	NANTERRE
SCEAUX...	VILLEJUIF
S.-DENIS..	PANTIN
SCEAUX...	VILLEJUIF
S.-DENIS..	S.-DENIS
SCEAUX...	SCEAUX
Idem.	VILLEJUIF
Idem.	CHARENTON-LE-PON
Idem.	VINCENNES
Idem.	CHARENTON-LE-PO
S.-DENIS...	NEUILLY
SCEAUX...	VINCENNES
Idem.	SCEAUX
S.-DENIS..	NANTERRE
Idem.	NEUILLY
SCEAUX...	CHARENTON-LE-PO
S.-DENIS..	PANTIN
SCEAUX...	VILLEJUIF
S.-DENIS..	S.-DENIS
Idem.	PANTIN
PARIS.....	PARIS
S.-DENIS..	NEUILLY
Idem.	S.-DENIS
SCEAUX...	SCEAUX
S.-DENIS..	PANTIN
S.-DENIS..	NANTERRE
Idem.	PANTIN
SCEAUX...	VINCENNES
Idem.	VILLEJUIF
Idem.	SCEAUX
S.-DENIS..	S.-DENIS
Idem.	NANTERRE
SCEAUX...	VILLEJUIF
Idem.	SCEAUX
Idem.	*Idem.*
Idem.	VILLEJUIF
Idem.	VINCENNES
S.-DENIS..	S.-DENIS
Idem.	PANTIN
SCEAUX...	VINCENNES
Idem.	VILLEJUIF

...[TAB]LEAU DES DISTANCES
...[LIEUE]S DE CHAQUE COMMUNE DU DÉPARTEMENT DE LA SEINE.

4 kilomètres valent 2,052 toises ou une petite lieue.
9 kilomètres valent 2 lieues 51 toises.
1 myriamètre vaut 2 lieues 564 toises.

NOMS des Chefs-Lieux judiciaires		DÉSIGNATION des COMMUNES	DISTANCE DE CHAQUE COMMUNE au Chef-Lieu judiciaire					
d'arrondiss.	de canton.		lu canton. Myr	Kil	de l'arr. Myr	Kil	du départ. Myr	Kil
S.-DENIS	NANTERRE	Genevilliers	»	9	»	5	1	1
SCEAUX	VILLEJUIF	Gentilly	»	3	»	7	»	5
S.-DENIS	PANTIN	Grand-Drancy (le)	»	6	»	7	1	2
SCEAUX	VILLEJUIF	Haÿ (l')	»	3	»	3	1	3
S.-DENIS	S.-DENIS	Isle S.-Denis (l')	»	2	»	2	»	6
SCEAUX	SCEAUX	Issy	»	8	»	8	»	9
Idem.	VILLEJUIF	Ivry	»	3	1	5	»	6
Idem.	CHARENTON-LE-PONT	Maisons	»	2	1	3	1	1
Idem.	VINCENNES	Mandé (St.)	»	2	1	8	»	4
Idem.	CHARENTON-LE-PONT	Maur (St.)	»	5	1	7	»	8
S.-DENIS	NEUILLY	Montmartre	»	7	»	7	1	6
SCEAUX	VINCENNES	Montreuil	»	2	2	7	»	8
Idem.	SCEAUX	Montrouge	»	7	»	2	1	9
S.-DENIS	NANTERRE	Nanterre	»	»	1	6	»	1
Idem.	NEUILLY	Neuilly	»	»	1	»	1	1
SCEAUX	CHARENTON-LE-PONT	Nogent-sur-M.	»	6	2	1	1	6
S.-DENIS	PANTIN	Noisy-le-Sec	»	4	2	1	»	7
SCEAUX	VILLEJUIF	Orly	»	8	1	4	»	6
S.-DENIS	S.-DENIS	Ouen (St.)	»	4	1	»	»	3
Idem.	PANTIN	Pantin	»	»	»	7	1	3
PARIS	PARIS	Paris	»	»	»	»	»	»
S.-DENIS	NEUILLY	Passy	»	5	1	7	»	6
Idem.	S.-DENIS	Pierrefitte	»	4	»	2	1	3
SCEAUX	SCEAUX	Plessis-Piq. (le)	»	1	»	4	1	6
S.-DENIS	PANTIN	Pré-S.-Gervais	»	2	»	1	»	8
S.-DENIS	NANTERRE	Puteaux	»	4	1	8	1	4
Idem.	PANTIN	Romainville	»	5	»	2	1	1
SCEAUX	VINCENNES	Rosny	»	6	1	1	1	4
Idem.	VILLEJUIF	Rungis	»	6	»	4	1	2
Idem.	SCEAUX	Sceaux	»	»	»	6	»	4
S.-DENIS	S.-DENIS	Stains	»	5	1	5	1	5
NANTERRE	NANTERRE	Suresnes	»	6	»	4	1	9
SCEAUX	VILLEJUIF	Thiais	»	9	1	8	1	7
Idem.	SCEAUX	Vanvres	»	7	»	7	»	8
Idem.	Idem.	Vaugirard	»	8	»	8	»	5
Idem.	VILLEJUIF	Villejuif	»	»	»	6	»	3
Idem.	VINCENNES	Villemomble	»	8	2	6	1	4
S.-DENIS	S.-DENIS	Villetaneuse	»	4	»	4	1	4
Idem.	PANTIN	Villette (la)	»	3	»	6	1	5
SCEAUX	VINCENNES	Vincennes	»	»	2	»	»	7
Idem.	VILLEJUIF	Vitry	»	3	1	3	»	8